가정 예배

신자의 요람, 믿음의 유산

그리스도인들은 그 책의 사람들, 바로 성경의 사람들입니다. 성경에만 권위를 두고, 성경대로 살며, 성경에 자신을 계시하신 삼위 하나님만을 예배하고 사랑합니다. 이에 **그 책의 사람들**은 하나님께만 영광 돌리고, 하나님의 나라와 교회의 번영과 행복을 위해 성경에 충실한 도서들만을 독자들에게 전하겠습니다.

가정 예배

신자의 요람, 믿음의 유산

한재술 지음

차 례

출판사 서문 • 6
추천하는 글 • 10
글을 열며 • 12

1장 하영이네 가정 예배 이야기 • 15

• 결혼 전 • 결혼 전 가정 예배의 유익 • 결혼 후 • 가정 경건생활의 열매 • 첫째 딸 하영이가 태어나고 • 둘째 딸 민하가 태어나고 • 더 깊은 공부와 나눔을 위한 질문

2장 가정 예배의 중요성과 필요성 • 31

• 성경의 근거 • 교회 역사 • 가정 예배와 가정 경건회 • 가정 예배는 하나님의 말씀을 진지하게 가르칠 수 있는 가장 효과적이고 성경적인 수단 • 더 깊은 공부와 나눔을 위한 질문

3장 가정 예배를 드립시다 • 49

• 가정 예배 드리기가 어려운 이유와 실천 • 시간 정하여 지키기 • 순서 • 요일별 구체적인 방법 • 아침에 일어났을 때와 잠자리에 들 때 • 더 깊은 공부와 나눔을 위한 질문

4장 가정 예배와 가정 그리고 교회 · 75

• 영적 연합 • 가정에 충실합시다 • 영적 질서와 역할 • 가정 예배는 교회를 건강하게 합니다 • 함께 성장하는 교회와 가정 • 더 깊은 공부와 나눔을 위한 질문

5장 가정 예배에 대한 온갖 어려움과 태만에 대해 · 93

• 시간 만들기 • 모임 전 • 온 가족이 모일 수 없는 경우 • 인도의 어려움 • 변하지 않는 가족 • 위선적인 모습 때문에 • 아이들이 과연 알 수 있을까 • 가정 예배를 처음 시작하시는 분들께 • 더 깊은 공부와 나눔을 위한 질문

6장 가정 예배를 위한 준비 · 111

• 설교 잘 듣기 • 고전 읽기 • 개인 공부 • 개인 성경 공부 예 • 더 깊은 공부와 나눔을 위한 질문

글을 닫으며 · 134
감사하는 글 · 138

부록 가정 예배 사례 · 143

| 출판사 서문 |

가정 예배를 잃어버린 세대에게 날아든 "초대장"

하나님의 사랑하심을 받고 성도로 부르심을 받은 모든 독자분께 하나님 우리 아버지와 주 예수 그리스도로부터 은혜와 평강이 있기를 바랍니다.

『가정 예배, 신자의 요람 믿음의 유산』은 마치 작고 예쁜 봉투에 담긴 "초대장" 같습니다. 초대장을 보낸 사람은 초대를 받은 사람이 잔치에 와서 준비한 음식을 먹고 마시며 즐거운 시간을 보내며 함께 기쁨을 누리기를 바라겠지요.

이런 바람으로 글을 쓴 지은이는 "왜 가정 예배를 드려야 하는가?"에 대해 본문 여기저기에서 답을 제시합니다. 또 가정 예배를 하고 싶어하지만 방향과 방법을 모르거나 해 본 적이 있으나 아직 안정적 단계에 이르지 못한 가정이나 가정 예배라는 단어가 아직 생소한 분들에게 선한 안내자 역할을 합니다.

이 책은 전체 6장으로 구성되어 있습니다. 1장에서는 지은이의 결혼 전과 결혼 후 가정 예배 모습을 말합니다. 그러면서 가정 예배의 유익과 가정 경건생활의 열매를 말합니다. 2장에서는 가정 예배의 중요성과 필요성을 성경과 더불어 교회 역사를 통해 증명된 우리 믿음의 선조들의 삶에 근거하여 말합니다. 그러고는 3장에서 가정 예배를 드리자고 말하며 구체적 방안을 제시합니다. 특별히 자신이 집에서 가족과 함께 하고 있는 예배의 모습을 예로 보여 줍니다. 4장에서는 가정 예배와 가정 그리고 교회의 관계를 풀어 나갑니다. 5장에서는 가정 예배를 하고자 하지만 연약하기에 느낄 수밖에 없는 가정 예배에 대한 온갖 어려움과 태만에 대해 살펴봅니다. 그런 후 마지막으로 6장에서는 가정 예배를 준비하기 위해 무엇을 어떻게 해야 할지 구체적으로 제시합니다. 또 신자의 가정이라면 가정 예배를 아무도 쉽게 이해하고 접근할 수 있게끔 돕고자 두 가정의 가정 예배 사례를 부록으로 실어 놓았습니다.

이렇게 구성된 이 책이 누군가에게는 당장 달려가 참석하고픈 초대장이 될 수도 있고 다른 누군가에게는 조금 부담스러워서 그냥 읽고 마는 초대장이 될 수도 있겠지요. 지은이는 본문에서 끊임없이 강조합니다. 자신이 하고 있는 방법이 가장 좋은 방법이라고 말하는 것은 아니라고. 각 가정의 상황과 환경에 따라 천차만별일 수 있다고 말입니다. 중요한 것은 가족이 함께 하나님 앞에서 예배해야 한다는 것입니다. 무엇보다 하나님께서 우리에게 예배할 것을 명령하셨다는 것입니다. 그러므로 부담으로 느끼기보다는 이 책을 통해 실상 예배하기를 즐겨하지 않는 자신의 모습을 깨달았다면 솔직하게 인정하고 애통함으로써 예배하는 자리로 나아오는 복을 누리시기를 바랍니다.

지은이와 저는 이 책을 작업하며 참 많이 고민했습니다. "책을 읽고 도전을 받을까? 가정 예배를 하고 싶어할까? 아니면 너무 무거운 짐처럼 느껴져 마음이 어려워질까? 그렇다면 좀 더 쉬운 방법을 제시해야 할까……." 하고 말입니다. 그러면서 참으로 마음이 아프고 안타까웠습니다. "오늘날 힘들고 지친 삶 가운데서도 믿음대로 살고자 고군분투하는 성도님들을 어떻게 도울 수 있을까?" 쉬운 길이 아니라 참된 길을 가게 함으로 참된 힘을 줘야 한다고 결론 내렸습니다. 신자가 삶 가운데 지고 있는 무거운 멍에를 풀어 주는 참된 길은 하나님을 바르게 예배하게끔 알려 주는 것이라 믿기 때문입니다. 교회에서든 가정에서든. 이런 의미에서 교회에서 예배하는 것은 잘하지만 오늘날 가정에서 이루어지는 가정 예배에 대한 교육과 실천의 부재로 가정 예배를 모르거나 잃어버린 이 세대에게 이 책은 분명 귀한 "초대장"이 될 것입니다.

이 책은 우리를 하나님 앞으로 이끌 것입니다. 또한 여러분의 가정이 하나님 앞에 예배하는 데 큰 도움을 줄 것이고, 우리나라 교회에 속한 가정마다 예배하기를 사모하여 각 가정이 예배를 회복하여 교회가 건강하게 되는 데 유익을 줄 것입니다. 이런 유익을 누리게 된다면 이 책을 읽은 것 자체가 송영을 위한 독서가 될 것이고 우리의 가정 예배가 마땅히 송영을 위한 예배가 될 것입니다. 이것이 바로 이 책을 지은 이와 출판사의 간절한 바람입니다.

하나님께서 이 책이 출판되는 것을 기뻐해 주시고 이 책이 필요한 사람에게 들려지게 해 주서서 가장 적절한 시기에 은혜의 도구로 사용해 주시기를 온 맘으로 기도합니다.

우리 주 예수 그리스도의 은혜가 이 책을 읽는 모든 독자분의 심령에 있기를 바라며!

대표하여 서금옥 올림

| 추천하는 글 |

저는 칠 년이 넘는 유학 기간에 네덜란드 개혁교회 신학과 신앙을 배우며 그 성도들과 삶의 깊은 교제를 나눌 수 있었습니다. 가장 큰 배움이 무엇이었냐고 묻는다면 "가정 예배"라고 대답할 것입니다. 개혁교회 성도들이 가정에서 가정 예배를 통해 자녀들에게 신앙을 철저하게 전수하고 있는 것을 보고 큰 감동을 받았기 때문입니다. 그분들의 교회가 건강한 것은 각 가정이 건강하기 때문입니다. 그분들은 교회 중심으로 신앙생활을 하지만 가정에서 신앙의 열매를 맺고 있었습니다.

그래서 저는 최근 우리나라에서 자칭 "가정 예배 전도사(?)"가 되었습니다. 조국 교회에 가정 예배를 소개하고 전하는 전도사 말입니다. 가정 예배의 중요성과 시급성을 알기 때문입니다. 성도들 대부분은 가정 예배의 필요성에는 동의합니다. 그러나 그들에게 가정 예배는 여러 가지 이유로 어색한 옷 같습니다. 익숙하지 않고 쉽지 않아 어떻게 시작해야 할지 모르는 경우가 많습니다.

가정 예배를 장려하고 돕는 책들을 시중 서점에 가면 몇 권 발견할 수 있습니다. 그러나 대부분 번역서들입니다. 가정 예배에 대한 조국 교회의 관심을 엿볼 수 있는 부분입니다. 아직도 우리나라 사람이 쓴 가정 예배에 대한 책이 희귀합니다. 제가 알기로는 한국인이 쓴 가정 예배에 대한 책은 한 권이 전부입니다. 그런데 이번에 한재술 형제가 가정 예배에 대한 책을 내게 되어 얼마나 기쁜지 모릅니다. 저자는 어릴 때부터 훌륭한 부모님 밑에서 가정 예배를 통해 신앙을 훈련받았습니다. 지금도 언약의 자녀들과 가정 예배를 잘 드리고 있기 때문에 이 책의 가치는 몇 곱절 더할 것입니다. 우리나라 사람으로서 가정 예배를 경험하고 그 필요성을 조국 교회 성도들과 나눌 수 있게 된 것은 조국 교회와 성도들을 위한 결코 작지 않은 섬김입니다. 지은이가 가정 예배를 사랑하고 그 가치를 누구보다 더 잘 알고 있음이 책 구석구석에서 묻어납니다. 이 책은 단순히 가정 예배에 대한 이론서가 아니라, 가정 예배 그 자체입니다. 실제로 누리고 있는 그 감동을 구체적으로 제시하고 있기 때문입니다. 이 책이 무너진 가정을 일으켜 세울 것이며, 조국 교회의 미래를 밝게 하는 데 큰 기여를 할 것이라 확신하며 기쁜 마음으로 추천합니다.

다우리교회 담임 목사 임경근

| 글을 열며 |

저희 집은 제가 초등학생일 때부터 가정 예배를 드렸습니다. 넓지 않은 단칸방에서 네 식구가 둘러 앉아 예배를 드리던 모습이 지금도 선명하게 기억납니다. 어린 나이에 가정 예배를 드리는 목적이나 이유 등은 온전히 알 수 없었고, 종종 새 찬송을 배워야 할 때면 재미도 있었지만 귀찮기도 했던 그때……. 그러나 한 가지 분명한 사실은, 그때는 잘 몰랐지만 제가 가정 안에서 행복을 발견하고 안정감을 느낀 것은 가정 예배 때문이라는 것입니다. 자라면서 무엇보다 성경을 맛보고 즐거워하며 하나님을 사랑하게 된 것은 모두 가정 예배 덕분입니다.

중학생 때까지는 가정 예배를 거의 매일 드렸습니다. 그러나 제가 고등학생이 되어 학교에서 야간 자율 학습을 하면서는 일주일에 이틀 정도만 예배를 드릴 수 있었습니다. 이후 학업 환경과 여러 상황 때문에 가정 예배를 이전처럼 매일 드릴 수는 없었지만, 부모님께서는 시간이 있을 때마다, 시간을 만들어서 가정 예배를 계속해서 드리려고 노력하셨습니다.

사실 20대 초중반에는 가정 예배가 그렇게 즐겁지 않았습니다. 적지 않은 경우 가정 예배는 의무였으며 습관이었습니다. 이때는 친구들이 좋은 시절이었고 교회와 학교에서 만난 목회자들과 선배들이 마냥 좋던 때였습니다. 교회 모임에서 배우는 공부가 훨씬 탁월하고 깊이가 있다고 생각했으며 제게 더 맞는다고 생각했습니다. 선배나 또래들과 함께 공부하고 나누는 것이 훨씬 가치가 있다고 느꼈습니다. 물론 이렇게 의식적으로 생각했던 적은 없습니다. 지금 돌이켜 보니 그랬던 것 같다는 뜻입니다.

배움이 많지 않으신 부모님의 성경 지식 자체를 우습게 여기거나 부모님의 경건을 가볍게 여기지는 않았지만, 제 지식과 경험이 늘어갈수록 가정 예배를 이전만큼 제 삶에서 중요하게 생각하지는 않았습니다. 집에서 가정 예배를 드린다고 하면 부러워하는 친구들과 후배들에게는 가정에서 예배드리는 것을 자랑스럽게 여기고 이에 대해 하나님께 잠시라도 감사를 하면서 말입니다.

2013년.

저는 지금 아내와 두 딸과 살고 있습니다. 결혼하기 전부터 아내와 함께 우리의 가정 예배를 꿈꿨고 기도하며 기대했습니다. 신혼 첫날부터 우리는 가정 예배를 드리기 시작했고 거의 매일 드렸습니다. 우리는 개인으로서도 가정 예배의 중요성을 알아 가고 있을 뿐 아니라 부모의 입장에서도 가정 예배의 가치와 유익을 배워 가고 있습니다.

지금도 부모님 댁을 방문할 때마다 가정 예배를 드립니다. 이렇게 삼대가 모여서 예배를 드리는 것 자체가 얼마나 큰 행복과 즐거움인지요! 저는 제 아이들도 가정 예배를 사랑하기를 원합니다. 가정 예배가 아이들에게 신자의 요람이자 믿음의 유산이 되기를 원합니다. 지금 제가 그렇듯 제 아이들도 나중에 가정을 따로 이룬 후 저희 부부와 함께 예배드리는 것을 즐거워했으면 좋겠습니다. 지금 제가 부모님께 그렇듯 제 아이들도 저희를 존경하고 기뻐했으면 좋겠습니다.

이제 저희 부모님과 함께 드렸던 가정 예배 이야기를, 지금 제 아이들과 함께 드리는 가정 예배 이야기를, 그리고 무엇보다 성경이 말하는 가정 예배 이야기를 여러분과 나누고 싶습니다.

전개되는 내용 중 일부는 작은 의미로서 가정 예배 그 자체에만 국한되지는 않을 것입니다. 이 책의 중심 목적은 가정 예배지만 좀 더 나아가 가정에서 하는 경건생활 자체에 대한 고민을 함께 나누고 실천하는 것 또한 이 책의 의도기 때문입니다.

1장

하영이네 가정 예배 이야기

결혼 전

가정 예배와 더불어 어렸을 때를 생각하면 가장 먼저 떠오르는 모습이 있습니다. 부모님께서 매일 부지런히 성경을 읽으시고 기도하시던 모습입니다. 어렸을 때는 그 사실이 그렇게 감사하다거나 은혜롭지 않았는데, 성인이 된 후 철이 좀 들고 나서는 자주 감사했습니다. 결혼한 이후에는 두 분의 그런 모습들이 특히 더 많이 생각납니다. 새벽이나 밤늦은 시간에 부모님께서는 기도하셨습니다. 새벽에는 주로 새벽 기도회를 다녀오시기는 했지만 그럼에도 자리에서 일어나셔서 기도하시는 모습을 많이 볼 수 있었습니다. 기도는 두 분에게 아주 자연스러운 것이었고 삶의 일부였습니다. 특히 어머니께서는 더욱 그러하셨습니다. 가장 부지런하셨고, 기도를 많이, 간절하게 하셨습니다. 가족을 위해서뿐만 아니라 언제나 하나님의 나라와 교회, 국가, 사회, 이웃을 위해 기도하셨습니다. 또 그렇게 기도해야 한다고 자주 말씀하시며 가르쳐 주셨습니다. 부모님께서는 성경도 매일 시간을 정하여 읽으셨습니다. 일 년에 성경을 몇 독씩 하실 만큼 매일 꾸준히, 상당한 시간 동안 읽으신 때도 많았습니다. 소리 내어 읽기도 하셨고, 눈으로 읽기도 하셨습니다.

그러나 무엇보다도 가정 예배를 드릴 때 함께 말씀을 나누며 기도하시던 모습을 전 아름답게 기억합니다. 어렸을 때는 주로 매해 365일 동안 가정 예배를 드릴 수 있게끔 구성된 가정 예배서들을 사용하여 예배를 드렸는데, 전체 인도와 말씀 나눔은 아버지께서 담당하셨습니다. 아버지께서는 가정 예배서나 교회 주보에 있는 가정 예배 인도문을 미리 공부하셨습니다. 몇 번씩 성경 본문과 인도문을 읽으시며 마음에 새기셨고 상황에 따라 인도문을 그냥 읽으시거나 당신께서 좀 더 풀어서 설명해 주기도 하셨습니다. 때로는 어머니께서 보충하기도 하셨지만, 언제나 말씀 나눔은 아버지께서 하셨습니다. 그리고 모두 경건한 마음으로 듣고, 질문하고 답하기도 하며 그 내용을 이해하려고 노력했습니다.

찬송은 보통 두세 곡을 정하여 불렀는데, 말씀 나눔을 하기 전에 한두 장, 말씀 나눔 후 한두 장 정도를 불렀습니다. 가정 예배서에 있는 찬송을 부르기도 하고, 부모님이 제안하신 찬송을 부르기도 했습니다.

그 후 대체로 모두 소리 내어 함께 기도했고 아버지나 어머니께서 대표로 기도하신 후 주기도문으로 기도하면서 예배를 마쳤습니다.

결혼 전 가정 예배의 유익

제가 중고등학생 때뿐만 아니라 청년 때도 또래보다 성경 상식이 다소 풍부했던 것은 모두 가정 예배 때문이었습니다. 부모님께서 가정 예배 시간을 통해 성경 전체의 내용을 골고루 가르쳐 주셨기 때문입니다. 이해가 부족할 때는 부모님께 질문을 하면서 그 내용을 배웠습니다. 성경을 여러 번 읽어 보기도 하고, 성경에 포함된 간단한 주석이나 성경 사전을 종종 찾아보기도 하면서 성경을 공부했습니다. 이것이 제게 좋은 습관이 되었고, 이후 제가 회심하고 바른 신앙을 알고 믿는 데 중요한 밑거름이 되었습니다.

또 가정 예배는 행복과 정서적 안정감을 주었습니다. 물론 사춘기 시절에는 가정 예배 자체가 귀찮고 너무 의무적이고 습관적인 것만 같아서 싫을 때도 종종 있었습니다. 그러나 대부분의 경우 가정 예배는 제가 언제라도 제 모든 고민과 감정을 이야기할 수 있다는 것에서, 어떠한 나도 받아 줄 수 있는 가정이 있다는 것에서, 신앙을 따라 나를 위해 기도해 주시고 말씀으로 이끌어 주시는 부모님이 계시다는 사실에서 행복과 감사함을 알고 맛보게 해 주었습니다. 부모님께서는 정말 신실하게 저희를 위해 기도하셨고, 가장 좋은 믿음의 유산을 주시기 위해 최선을 다하셨습니다. 힘써 말씀을 가르치시고, 언제나 하나님을 의지하게끔 도전하시고, 하나님께서 늘 함께 하시고 모든 것을 다스리시는 분임을 기억하도록 도우셨습니다. 무엇보다 기도, 특히 어머니의 기도는 무엇과도 바꿀 수 없는 우리 신앙의 자산이었습니다. 어머니께서는 홀로 하나님을 믿으실 때부터 가족 구원과 가정의 건강하고 거룩한 경건을 위해 기도하셨습니다. 누구보다 많이, 진실로, 끊임없이, 눈물과 무릎으로 하나님 앞에서 가정을 위해 기도하셨습니다. 그리고 (모든 믿음의 부모님들이 그러시듯이) 지금도 그러하십니다.

부모님께서는 종종 넉넉하지 못한 형편으로 많은 것을 해 주지 못했다고 아파하셨지만 저는 경제적으로 넉넉하지 못한 것 때문에 불행하거나 위축되지 않았습니다. 저는 이런 가정과 부모님이 자랑스러웠고 든든했기 때문입니다. 저는 사실 아주 부유했습니다.

결혼 후

청년 때 여러 신앙 서적을 읽으면서 가정의 참된 경건생활에 대해 훨씬 구체적이고 다양한 꿈을 꾸게 되었는데, 특히 청교도 선조들은 제게 아름답고 경건한 가정생활에 대한 많은 도전과 꿈을 주었습니다. 그래서 결혼 전 저는 부모님과 함께 가정 예배를 드려왔던 귀한 신앙 경험들과 주로 책을 통해 배운 좀 더 체계적이고 성경적이며 훨씬 풍부하고 깊은 그리스도인 가정 경건생활의 원리와 실천들을 당시 교제하던 지금의 아내와 함께 나누며 같이 기도하고 꿈을 꾸었습니다.

아내는 가정 예배를 드려보지 못했기 때문에 더욱 사모함이 컸습니다. 우리는 가정 예배만이 아니라 경건한 자녀 양육과 가정 전반에 대해 자주 생각을 나누고 책을 읽고 함께 고민하고 다짐하고 계획하고 기도했습니다.

드디어 신혼 첫날밤, 우리는 첫 번째 가정 예배를 감격하며 드렸습니다! 신혼 여행을 가서도, 갔다 와서도 우리의 예배는 계속됐습니다. 둘이 하나가 되었다는 행복보다, 알콩달콩 그 어떤 즐거움보다 가정 예배는 우리의 행복이었습니다. 가정 예배가 없는 가정은 상상도 할 수 없었습니다.

진리로 다스려지는 가정, 하나님의 말씀이 가감 없이 선포되고 들려지는 가정, 모두가 하나님을 찬양하는 가정, 함께 기도하는 가정, 이 모든 것이 중심이 되는 가정. 이것이 바로 그리스도인의 가정임을 우리는 감사하게 맛보고 누릴 수 있었습니다.

우리는 거의 매일 경건 모임을 지켜 왔습니다. 가정 예배 형식으로 따지면 매일은 아니지만 어떻게든 하나님의 진리가 중심이 된 가정이 되게끔 그때그때 우리가 할 수 있는 형식으로 가정 경건생활을 이어 왔습니다. 연약할 뿐만 아니라 교만하고 죄를 사랑하는 인간인지라 때로는 의무감으로 시간을 보내기도 하고, 때로는 경건생활을 지키지 못하는 날도 있었지만 대부분의 날은 가정 예배를 사모하고 가정 예배가 중심이 된 가정의 경건생활을 위해 노력하며 보냈습니다.

함께 『웨스트민스터 소교리문답』Westminster Shorter Catechism을 암송하기도 했습니다. 경건을 위한 신앙 서적도 같은 책을 읽든 다른 책을 읽든 함께 나눴습니다. 성경을 읽으며 서로 질문하고 답했습니다. 많은 시간을 신앙에 대한 이야기로 채웠습니다. 함께 기도했습니다. 토요일에는 되도록 주일을 위해 평일보다 더 신앙적인 일에 시간을 내고, 주일에는 교회에서 돌아오는 길에 그날 들은 설교를 함께 나눴습니다.

우리는 부부니까요. 우리는 가족이니까요.

가정 경건생활의 열매

아내는 결혼 전부터 그렇게 배워 오고 생각해 온 것처럼 결혼하면서부터 저를 가정의 가장으로 승인하고 합당하게 존경했습니다. 하나님께서 그렇게 말씀하셨기 때문입니다. 그것이 가정의 질서기 때문입니다. 저를 정말 사랑하고 존경했기 때문입니다. 가정 예배를 드리면서는 더욱 그러했습니다. 아내는 가정 예배와 경건생활을 통해 하나님의 말씀에 순종하는 기쁨과 행복을 누렸습니다. 그리고 남편인 제가 성경을 풀어서 설명하고, 진리를 선포할 때 깨닫고, 배우고, 사모했으며 기도했습니다. 즐거워했으며 감사했습니다. 또 한마음으로 기도하는 것을 기뻐했습니다. 어떤 일에 대해서든, 어떤 상황에서든 하나님께서 기뻐하시는 것은 무엇인지 즉 하나님의 뜻과 방법을 구하는 데 성경에서 시작하고, 성경만으로 만족하고, 그 안에서 기도할 수 있다는 것에 감사했습니다.

저는 가정 예배의 가치와 유익을 더욱 많이 깨닫고 배우게 되었습니다. 한 가정의 구성원으로서 참여하고 배우는 위치에서 느끼는 가정 예배와 한 가정을 책임지는 위치에서 느끼는 가정 예배는 여러 의미에서 달랐는데, 이런 변화만으로도 정말 많은 것을 배울 수 있었습니다. 남편과 부모에게 주신 주의 명령들을 더욱 진지하고 엄숙하게 생각하게 되었으며, 저부터 더욱 힘써 순종하려고 노력하게 되었습니다.

무엇보다 같은 신앙 안에서 같은 목적과 같은 태도와 자세로 함께 하나님을 예배하고, 성경을 공부하며, 무릎을 맞대어 기도할 수 있는 아내는 얼마나 사랑스러운지요!

첫째 딸 하영이가 태어나고

아내가 하영이를 임신했을 때 우리는 성경 본문을 그대로 읽어 주기도 하고, 이야기로 들려주기도 했습니다. 하영이가 태어난 날, 우리는 변함없이 가정 예배를 드렸습니다. 하영이가 옹알이를 시작할 때도, 기어 다니기 시작할 때도, 걷기 시작할 때도 우리는 그 갓난아기와 늘 예배를 드렸습니다. 아기를 안고서 드리고, 옆에 눕혀 놓고 드리고, 앉혀 놓고 드렸습니다. 이렇게 하영이는 늘 가정 예배에 참여했기 때문에 가정 예배를 삶의 일부로 생각했을 것입니다.

하영이가 태어나고 좀 자란 후 어느 정도 말할 수 있을 정도가 되었을 때부터는 『웨스트민스터 소교리문답』을 암송하게 하려고 시도했습니다. 이때 너무 성급했던 탓인지 겨우 3문답까지밖에 가지 못했지만, 우리는 문답 교육의 가능성을 보았습니다. 하영이는 질문에 잘 대답했고, 거꾸로 우리에게 질문을 하기도 했습니다.

우리는 말씀 나눔을 한 후 하영이에게 문답을 확인하기도 하고, 때로는 문답의 내용을 가지고 말씀 나눔을 하면서 하영이가 이해할 수 있는 수준으로 가르치려고 노력했습니다. 그러나 정말 쉽지 않았습니다. 이 시기에 있는 아기들이 으레 그렇듯 하영이도 어떤 날은 관심을 많이 두다가도 또 (많지 않은) 어떤 날은 굉장히 지루해하고 떼를 부렸습니다.

상당한 시간 동안 애가 많이 탔습니다. 왜냐하면 하영이가 많이 어려서 가정 예배가 무엇인지조차 잘 알지 못할 때였기 때문입니다. 아빠와 엄마가 지금 무엇을 하고 있는지, 우리가 왜 하나님께 예배를 드려야 하는지, 하나님은 누구신지부터 알려 주는 것도 쉽지 않았습니다. 저희 부부에게도 이 모든 것이 다 처음이었기 때문입니다.

그러나 우리는 단호하면서도 부드럽게 성경 본문과 교리문답을 하영이에게 계속해서 가르쳤습니다. 방법적인 면에서야 미숙함과 실수가 있겠지만, 이렇게 해야만 한다는 것은 너무도 당연했기 때문입니다. 그래서 아무것도 모르는 것 같은 아이에게도 매일 정해진 시간에 아빠와 엄마가 진지하게 무엇인가를 한다는 것을, 같이 하고 싶어한다는 것을 보여 주고 싶었습니다. 저 개인적으로는 이때부터 부모님 생각이 많이 났고 더욱 감사했던 것 같습니다.

그렇게 시간이 어느 정도 지나고서 하영이가 달라지기 시작했습니다. "하영아, 예배 드리자."고 하면 하영이가 먼저 성경책을 가리켰습니다. 아빠 성경책, 엄마 성경책 그리고 자기가 보는 성경책을 정확히 챙겼습니다. 우리가 찬양을 부르면 아무것도 모르면서 자기 혼자 흥얼거렸습니다. 가만히 앉아 있지 못하고 돌아다닐 때도 한두 번 있었지만 제가 성경 본문에 대한 설명을 하면 가만히 들었습니다. 하영이는 가끔 특정한 문구를 따라서 말하기도 했습니다. 하영이가 저에게 질문을 하면 좀 더 자세히 풀어서 설명해 주었습니다.

너무 피곤하거나 이런저런 일로 시간이 많이 늦은 날, 늦었으니 오늘은 기도하고 자자고 말하면 하영이는 고개를 흔들면서 성경책을 꺼내고 사도신경부터 시작하게 하기도 했습니다. 민망하기도 하고, 고맙기도 하고, 대견하기도 했습니다.

종종 설거지를 하거나 청소를 하면서 잠시 후에 예배하자고 하면, 먼저 거실로 가서 성경을 꺼내 사도신경 부분을 펴 놓고 혼자 찬송을 흥얼흥얼(영아부에서 배운 노래를 부르거나, 알 수 없는 가사를) 거리는 하영이의 모습을 보게 됐습니다. 부모로서 얼마나 행복한 일인지요!

낮에는 일하고 있는 방에 와서 『기독교 강요』Institutes of the Christian Religion(크리스챤다이제스트 역간)나 『도르트 신조 강해』 Expository Sermons on the Canons of Dort(그 책의 사람들 역간) 같은 책을 조그만 손으로 잡으면서 읽고 싶다고 합니다. 지금은 이해하기에 어려우니 나중에 같이 읽자고 하면 "나중에 꼭 같이 읽어요~" 합니다. 밤에 자려고 누웠을 때 성경 이야기를 들려주면 잘 듣습니다. 다른 이야기를 해 달라고 할 때도 있지만, 다른 성경 이야기를 해 달라고 할 때가 더 많습니다.

어떤 것을 왜 해야 하는지, 왜 하면 안 되는지 등을 레위기 19장 등과 엮어서 설명합니다. 못 받아들일 때도 있지만 대부분 알겠다고 하거나 그 이유 등을 물어 옵니다. 그러면 다시 좀 더 자세하게 설명해 줍니다.

요즘은 주일에 교회에서 돌아오면 다른 아이들처럼 유아부에서 전도사님이 말씀하신 내용과 반에서 선생님과 친구들과 했던 활동들을 이야기합니다. 묻고 확인해 주고, 때에 따라서는 좀 더 설명해 줍니다.

특별한 것 하나 없지만 다른 부모들과 같이 저희도 아이들에게 바라는 것은 같습니다. 아이가 보는 모든 것에 신앙과 관련된 주제들과 사물들이 놓여 있기를, 아이가 듣는 모든 것이 신앙과 관련된 말씀과 이야기와 노랫소리기를, 아이가 생각하고 행동하는 모든 것이 하나님을 알고 예배하며, 말씀을 깨닫고 순종하는 것이기를 바라는 마음입니다.

둘째 딸 민하가 태어나고

그동안 잘 적응했던 하영이가 동생인 민하가 걸어 다니고 말도 어느 정도 하게 되면서 조금 흐트러졌습니다. 둘이 같이 돌아다니고 같이 떠들게 된 것입니다. 그러나 결국 교육과 습관이 이겼습니다. 어린아이들이라는 것을 감안하면 두 아이는 기특하게도 예배 시간에 거의 움직이지 않고 자기 성경책을 앞에 두고 잘 앉아 있습니다. 찬양을 부를 때는 대체 무슨 생각에서 성경책을 앞에서 뒤로, 뒤에서 앞으로 여러 번 촤르르 넘기는지 모르겠지만, 말씀 나눔 시간에는 둘 다 잘 듣습니다. 기도 시간에는 둘째 민하가 간식 노래를 자꾸 부르려고 하거나 하영이가 자기 기도를 모두 따라하게 하는 것만 빼놓고는 아주 좋습니다.

할아버지와 할머니 집에 가면 이제는 항상 예배드린다는 것을 아는지 돌아다니지 않고 자리에 잘 앉아서 같이 찬양도 하고 말씀도 듣습니다. 가끔은 가사 일부분만 큰 소리로 씩씩하게 부르는 소리에 웃음을 참지 못하는 때도 있지만, 아이들은 이제 예배 시간이 무엇인지 조금은 아는 것 같습니다. 자고 있다가도 예배를 시작하며 찬양을 부르고 있으면 눈을 비비며 걸어와 옆에 앉아서 바로 같이 예배드리는 사랑스러운 아이들입니다.

너무 피곤하고 시간도 늦어 씻고 자야겠다고 생각하며 욕실에서 나왔는데 두 아이가 이미 성경책을 꺼내서 정돈하여 앉아 있을 때면 누가 누굴 가르치겠다는 것인지……. 순간 민망함과 부끄러움이 얼굴과 마음을 붉히지만 감사해하면서 다시 마음을 더 단단히 조이며 함께 예배를 드립니다.

다섯 살, 세 살이라는 어린 나이치고는 아이들이 참 잘 따라와 줍니다. 물론 지금 잘 따라와 주기에 이대로 쭉 잘 자랄 거라고 생각하지는 않습니다. 다만 이것이 주의 명령이기 때문에 하고, 이것이 얼마나 큰 행복인지 알기에 합니다. 이것이 하나님께서 원하시는 것 자체요 그 수단과 방법임을 알기에 합니다. 이 가정 예배, 가정 경건생활이 제게 주었던 모든 행복과 감사를 아이들에게 잘 물려주고 싶습니다. 아빠의 신앙에서 이 가정 예배가 어떻게 은혜의 주요한 통로가 되었는지 알려 주고 싶습니다. 그리고 그 요람에서 아빠의 신앙이 어떻게 태어났는지 보여 주고 싶습니다. 제가 부모님께 받은 이 귀하고 놀라운 믿음의 유산을 저도 두렵고 떨리는 마음으로 자녀들에게 전해 주고 싶습니다.

오직 나와 내 집은 여호와만 섬기겠노라(수 24:15).

오직 예수님만 섬기고 예배하기에 행복한 우리집.
부모님을 통해 알게 됐고, 누려 온 믿음의 우리집.
이제 우리 아이들이 그리고 그리스도께 속한 모든 가정이 알고 누리기를 원합니다.

사철에 봄바람 불어 잇고(새찬송가 559장)

1. 사철에 봄바람 불어 잇고 하나님 아버지 모셨으니
   믿음의 반석도 든든하다 우리집 즐거운 동산이라

2. 어버이 우리를 고이시고 동기들 사랑에 뭉쳐 있고
   기쁨과 설움도 같이하니 한간의 초가도 천국이라

3. 아침과 저녁에 수고하여 다 같이 일하는 온 식구가
   한상에 둘러서 먹고 마셔 여기가 우리의 낙원이라

   (후렴)고마워라 임마누엘 예수만 섬기는 우리집
   고마워라 임마누엘 복되고 즐거운 하루하루

더 깊은 공부와 나눔을 위한 질문

1. 지은이는 결혼 전 가정 예배가 자신에게 주었던 유익이 무엇이라고 말합니까?

2. 지은이는 결혼 후 어떻게 경건생활을 이어 갔습니까?

3. 첫째 딸이 태어난 후 지은이는 가정 예배를 어떻게 이끌어 나갔습니까?

4. 둘째 딸이 태어난 후 지은이는 가정 예배를 어떻게 이끌어 나갔습니까?

5. "하영이네 가정 예배 이야기"를 읽고 난 후 개인과 우리 가정의 모습을 돌아보고 나눠 봅시다.

<1장 하영이네 가정 예배 이야기>를 읽으면서 하나님께서 깨닫게 해 주신 것과 베풀어 주신 은혜를 생각하며 감사합시다. 또 깨달아 배우고 확신한 일에 거할 수 있게 해 달라고 기도합시다.

Family Worship

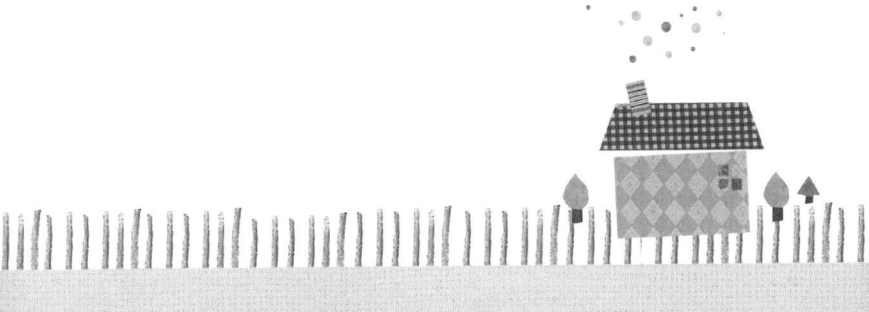

2장

가정 예배의 중요성과 필요성

성경의 근거

이스라엘아 들으라 우리 하나님 여호와는 오직 유일한 여호와 이시니 너는 마음을 다하고 뜻을 다하고 힘을 다하여 네 하나님 여호와를 사랑하라 오늘 내가 네게 명하는 이 말씀을 너는 마음에 새기고 네 자녀에게 부지런히 가르치며 집에 앉았을 때에든지 길을 갈 때에든지 누워 있을 때에든지 일어날 때에든지 이 말씀을 강론할 것이며 너는 또 그것을 네 손목에 매어 기호를 삼으며 네 미간에 붙여 표로 삼고 또 네 집 문설주와 바깥문에 기록할지니라(신 6:4-9).

너를 낮추시며 너를 주리게 하시며 또 너도 알지 못하며 네 조상들도 알지 못하던 만나를 네게 먹이신 것은 사람이 떡으로만 사는 것이 아니요 여호와의 입에서 나오는 모든 말씀으로 사는 줄을 네가 알게 하려 하심이니라(신 8:3).

또 그것을 너희의 자녀에게 가르치며 집에 앉아 있을 때에든지 길을 갈 때에든지 누워 있을 때에든지 일어날 때에든지 이 말씀을 강론하고 또 네 집 문설주와 바깥 문에 기록하라(신 11:19-20).

마땅히 행할 길을 아이에게 가르치라 그리하면 늙어도 그것을 떠나지 아니하리라(잠 22:6).

내가 너희에게 분부한 모든 것을 가르쳐 지키게 하라(마 28:20).

또 아비들아 너희 자녀를 노엽게 하지 말고 오직 주의 교훈과 훈계로 양육하라(엡 6:4).

이는 네 속에 거짓이 없는 믿음이 있음을 생각함이라 이 믿음은 먼저 네 외조모 로이스와 네 어머니 유니게 속에 있더니 네 속에도 있는 줄을 확신하노라(딤후 1:5).

그러나 너는 배우고 확신한 일에 거하라 너는 네가 누구에게서 배운 것을 알며 또 어려서부터 성경을 알았나니 성경은 능히 너로 하여금 그리스도 예수 안에 있는 믿음으로 말미암아 구원에 이르는 지혜가 있게 하느니라 모든 성경은 하나님의 감동으로 된 것으로 교훈과 책망과 바르게 함과 의로 교육하기에 유익하니 이는 하나님의 사람으로 온전하게 하며 모든 선한 일을 행할 능력을 갖추게 하려 함이라(딤후 3:14-17).

성경에는 가정 예배라는 단어가 나오지 않습니다. 그러나 디모데후서 1장과 3장 말씀의 문맥과 배경을 고려하면, 능히 "그리스도 예수 안에 있는 믿음으로 말미암아 구원에 이르는 지혜가 있게 하"는 성경을 디모데가 어려서부터 알 수 있었던 것은, 그래서 "배우고 확신한 일에 거하라"는 말이 무슨 의미인지 이해할 수 있었고, 또 순종하며 지킬 수 있었던 것은 가정에서 하나님을 아는 신앙을 배웠기 때문입니다. 디모데는 "모든 성경"을 배우고 알았는데 "모든 성경은 하나님의 감동으로 된 것으로 교훈과 책망과 바르게 함과 의로 교육하기에 유익하"여 디모데로 하여금 "온전하게 하며 모든 선한 일을 행할 능력을 갖추게" 했습니다.

신명기 6장 말씀처럼 하나님께서 우리에게 "명하는 말씀을" "마음에 잘 새기고" 우리의 "자녀에게 부지런히 가르치"는 가장 좋은 방법은 가정 예배입니다. "집에 앉았을 때에든지 길을 갈 때에든지 누워 있을 때에든지 일어날 때에든지" 이 말씀을 강론하는 가장 좋은 방법은 바로 가정 예배입니다.

하나님께서는 "사람이 떡으로만 사는 것이 아니요 여호와의 입에서 나오는 모든 말씀으로 사는 줄을" 우리가 알기 원하십니다.

성경 곳곳에 있는 이런 하나님의 말씀들이 "하면 좋다"가 아니라 "하라"는 명령으로 되어 있다는 것은 이 일이 얼마나 중요한지를 보여 줍니다. 하나님께서 우리에게 하라고 하신 것은 우리에게 절대적으로 중요한 것이고, 이 세상 무엇보다 큰 가치를 지닙니다.

하나님께서는 성경 전체에 걸쳐 이전 세대에서 다음 세대로 신앙이 진지하고도 바르게 전수돼야 한다고 말씀하십니다. 이 명령은 좁게는 또 기본적으로 모든 가정에, 넓게는 공동체(교회)에 주신 것입니다. 그리고 그런 하나님의 명령들에는 그 말씀에 불순종했을 때 따르는 재앙과 순종했을 때 따르는 엄청난 복과 선물이 있음을 보여 줍니다.

"분부한 모든 것을 가르쳐 지키게 하"고 "마땅히 행할 길을 아이에게 가르치"면 "늙어도 그것을 떠나지 아니"할 것입니다. 늙어도 그것을 떠나지 아니한다. 정말 엄청난 복이 아닌가요?

이것이 바로 가정 예배를 드려야 하는 이유입니다!

이 같은 증거 구절들은 수없이 제시할 수 있습니다. 또 이 구절들은 가정에서 교리문답 교육을 해야 하는 이유도 분명하게 제시해 줍니다.

혹 "왜 꼭 가정 예배여야 하는가?", "다른 방법도 있지 않겠는가?" 하고 물으신다면, 그래도 결국 가정 예배라고 대답드리겠습니다. 혹 다른 좋은 방법들이 있다고 해도 결과는 가정 예배로 귀결됩니다. 왜냐하면 그리스도인의 모든 신앙의 행위는 결국 예배로 귀결되기 때문입니다. 예배야말로 모든 그리스도인의 신앙생활 그 중심이요 절정이기 때문입니다. 예를 들어 처음에는 교리문답 형식으로 한다고 해도, 교리문답을 배우면서 하나님을 사랑하게 되면 감사가 절로 나올 것입니다. 찬양을 부르고 싶을 것입니다. 함께 기도하고 싶을 것입니다. 하나님의 말씀을 더욱 사랑하게 될 것입니다. 자, 이것이 무엇입니까? 네, 가정 예배입니다.

교회 역사

유대인들은 고대부터 신명기 말씀에 따라 지금까지도 각 가정에서 하나님의 말씀을 부지런히 가르치고 가족 모두의 경건생활을 위해 힘쓰고 있습니다.

개신교 역사를 보자면 하나님의 말씀을 바른 위치로 회복한 종교개혁 처음부터 우리 선조들은 각 가정에서 성경을 성실하게 사랑하고 기도에 힘썼습니다.

산업혁명이 본격적으로 시작되기 전인 17-18세기의 농경사회에서 청교도와 네덜란드 개혁교회는 각 가정이 하루에 세 번 가정 경건생활을 하게끔 독려했습니다. 목회자들과 장로들은 정기적으로 각 가정을 심방하면서 무엇보다 가정 경건생활을 잘하고 있는지 확인하고 돌봤습니다.

청교도들과 네덜란드 개혁교회의 이런 가정 예배의 전통과 유산은 오늘날에도 빛나고 있습니다. 지금도 청교도 전통에 있는 교회와 네덜란드 개혁교회에서는 각 가정이 가정 경건생활을 잘할 수 있게 적극적으로 인도하며 돕고 있습니다.

왜냐하면 교회와 가정에서 하는 신앙생활을 결코 분리할 수 없기 때문입니다. 교회와 가정이 아주 밀접하게 유기적으로 연결되어 있기 때문입니다. 건강한 교회의 가정들은 각자 위치에서 경건생활에 힘쓰기 때문입니다. 각 가정에서 이루어지는 경건생활이 풍성하면 교회가 더욱 건강해지기 때문입니다.

그러나 우리 시대는 지금 이것을 너무 많이 잃어버렸습니다. 우리 세대가 어떻게 하느냐에 따라 우리 후세대들은 이 귀한 전통과 유산을 계속 누릴 수 있거나 아예 잃어버릴 수도 있습니다.

오늘도 교회 역사는 계속되고 있고 역사는 우리에게 말하고 있습니다.

가정 예배와 가정 경건회

더 나아가기 전에 여기에서 잠깐 용어 정리를 해야겠습니다.

"예배와 안식일"이라는 제목의 『웨스트민스터 신앙고백』Westminster Confession 21장은 합당한 예배와 바른 안식일 성수에 대해 말합니다. 신앙고백은 1항에서 5항까지 합당한 예배가 무엇인지를 진술한 후, 6항에서 다음과 같이 말합니다. "……어디에서나 하나님께 영과 진리로 예배해야 한다. 매일 각 가정에서 그리고 혼자 은밀히 드려야 하며, 하나님께서 하나님의 말씀이나 섭리로 하나님을 예배하도록 부르시는 공적 모임에서는 부주의하거나 고의로 등한시하거나 저버리지 말고 더욱 엄숙하게 예배해야 한다."

철저하게 성경을 근거로 하는 『웨스트민스터 신앙고백』은 각 개인이 또 가정에서 그리고 공적인 모임에서 매일, 어디서나 하나님을 예배해야 한다고 진술하고 있습니다.

스코틀랜드 가정 예배 모범도 개인 예배와 가정 예배를 구분하면서 모든 개인과 각 가정이 매일 정해진 시간에 하나님께서 명령하시고 가르쳐 주신 합당한 방법으로 예배하도록 명령합니다.

따라서 우리는 성경에서 먼저 계시되고 이를 정리한 신앙고백이나 예배 모범이 진술한 대로 오직 삼위 하나님을 향해 경건한 두려움으로 성경을 읽고, 건전한 설교가 전해지거나 말씀이 가르쳐지고, 바르게 듣고, 또 감사함으로 그리고 합당한 것을 위해 기도하고, 은혜로운 마음으로 찬양하는 것을 예배라고 말할 수 있을 것입니다. 이것을 좀 더 엄밀하게 말하자면 "예배한다"고 말해야 할 것입니다. 왜냐하면 이것은 "신앙의 행위"기 때문입니다.

우리가 흔히 가정 예배, 주일 예배, OO 예배라고 하는 것은 엄밀히 말하면 "예배 모임"입니다. 특정한 장소에서 우리가 찬송을 하지만 마음은 다른 데 가 있고, 말씀은 선포되지만 졸거나 부주의하고, 기도하지만 중언부언한다면 우리는 예배했다고 말할 수 없을 것입니다. 예배 모임에 참석했지만, 예배를 드리지는 않은 것입니다. 예배하지 않은 것입니다.

한편 새벽 기도회, 수요 기도회 등의 모임에서 우리가 삼위 하나님께 합당한 경배와 찬양을 드리고, 하나님의 말씀을 높이고 즐거워하고, 받은 은혜에 감사하며 전적으로 하나님만을 의지하며 기도한다면 우리는 예배했다고 말할 수 있습니다.

제가 말씀드리고자 하는 것은 이것입니다. 형식에 따라 모임을 어떻게 구분하고 정의하느냐도 중요하지만 더 중요한 것은 실제로 그 모임에서 무엇을 하고자 하느냐, 했느냐는 것입니다. 일반적인 기도 모임이지만 우리는 예배한다, 예배했다고 말할 수도 있을 것입니다. 또 분명히 공적인 예배 모임이지만 우리는 예배하지 않고 있다 혹은 예배하지 못했다고 말할 수도 있을 것입니다.

가정 예배는 공적인 예배 모임은 아니지만 분명히 하나님께서 명령하시고 의도하신 예배 모임입니다. 가정 예배는 공적 예배 모임처럼 필수적이고 다양한 순서와 형식을 철저하게 다 갖추지는 못할 수도 있지만 예배 모임이라고 말할 수 있는 가장 본질적이고 핵심적인 요소들로 이루어진 모임일 수 있습니다.

우리 선조들도 이런 이유로 공적 예배 모임만이 아니라 각 가정의 모임이, 심지어는 각 개인이 예배한다고, 예배 모임을 갖는다고 말해 왔습니다.

따라서 이 책에서는 말씀과 기도와 찬양과 감사 등 예배의 핵심 요소로 구성된 모임을 가정 예배(모임으)로, 그렇지 않은 모임을 가정 경건회로 구분할 것이지만, 어떤 형태인가보다 또 어떤 모임으로 부르냐보다는 실제 무엇을 하고자 하느냐, 무엇을 했느냐는 것에 더 중점을 둘 것임을 말씀드립니다.

이제 계속해서 말씀드리겠습니다.

가정 예배는 하나님의 말씀을 진지하게 가르칠 수 있는 가장 효과적이고 성경적인 수단

앞서 마태복음 말씀처럼 모든 부모는 우리의 주와 구주이신 분께서 분부하신 "모든 것"을 가르쳐 아이들로 지키게 해야 합니다. 사실 따지자면 부모만큼 좋은 스승이 없습니다. 모든 부모는 자녀들을 제자로 삼아 그리스도의 도를 따르게끔 해야 합니다. 그런데 여기서 중요한 것이 있습니다. 부모부터 "모든 것"을 알고 있어야 한다는 것입니다. 모든 것을 알지 못하는 부모는 모든 것을 가르칠 수 없습니다. 물론 여기서 "모든"이 의미하는 것은 정도에서는 "완전"이 아니라 "온전"이요, 범위에서는 계시된 주의 계명들이며, 이것은 십계명으로 압축할 수 있을 것입니다. 주의 말씀과 계명은 가벼운 것이 하나도 없기에 부모 자신부터 분부하신 모든 것을 알고 사랑하며 지켜야 합니다.

  자신부터 분부하신 모든 것을 알고 사랑하며 지키는 부모들은 자녀들에게 항상 성경을 바르게 가르치기 위해 열심히 공부해야 합니다(이 부분은 6장에서 좀 더 자세하게 말씀드리겠습니다).

  자녀들이 하나님과 하나님의 말씀에 대한 바른 이해와 지식 없이 그릇된 이해와 지식으로 신앙생활을 한다는 것은 얼마나 슬프고 비참한 일입니까? 부모들의 게으름과 교만, 불성실함으로 자녀들에게 마땅히 가르쳐야 할, 자녀들이 마땅히 따라야 할 주의 교훈과 율례를 가르치고 보여 주지 않는다면, 그렇게 자라나는 우리 자녀들은 얼마나 불행합니까? 부모들 자신은 그렇게 믿지 않고, 그렇게 살지 않으면서 자녀들만큼은 잘되었으면 좋겠다고 생각하거나 아이들이 바른 믿음을 가지고 살아가기를 소망하는 것은 (부모로서 그 마음은 이해할 수 있으나) 바르지 않습니다.

  부모는 정말 열심히 공부해서 자녀들에게 바른 신앙과 바른 지식을 물려주어야 합니다. 바른 지식에서 바른 신앙이, 바른 신앙에서 거룩한 삶이 나오기 때문입니다.

  이 일에는 무엇보다 기도가 필요합니다. 하나님께서는 기도를 통해 일하십니다. 그것이 하나님의 방법입니다. 하나님께서는 기도를 통해 우리가 하나님만을 전적으로 의지하기를 원하시며, 기도를 통해 하나님께 도움 구하기를 원하시고, 기도를 통해 하나님의 지혜와 교훈 배우기를 원하십니다. 아무리 탁월하고 풍성한 지식을 전해 준다 해도 기도하지 않으면 아무것도 아닐 뿐 아니라 오히려 더 위험할 수 있습니다. 아이는 지식을 제대로 배우기가 힘들 것이기 때문입니다. 혹 아이가 지식은 잘 배울 수도 있겠지만 하나님을 의지하여 배우지 않을 것이기 때문입니다. 그것은 사실 지식이 아니기 때문입니다. 그러니 우리는 아이들의 영혼과 구원을 두고 도박을 하지 말아야 합니다. 기도하지 않으면서 이 아이는 잘되었으면 하고 바라는 것은 도박입니다. 손에 꼽을 만큼 기도하거나 마음을 쏟아서 기도하지 않으면서 또한 매일 기도하지 않으면서도 우리 아이들이 하나님을 참되게 믿고 거룩한 삶을 살기 원하는 것은 도박입니다. 그리고 우리 아이들은 어렸을 때는 잘 모를 수 있겠지만 점점 자라 가면서는 부모의 위선 때문에 오히려 신앙에서 더 멀어질 수도 있습니다. 그러니 우리는 우리 아이들을 위해 매일 눈물로 기도해야 합니다. 마음을 다해 기도해야 합니다. 당장 내일을 기약할 수 없음을 기억하고 날마다 마지막이라는 생각으로 기도해야 합니다. 우리가 마음을 다해 눈물로 기도하지 않으면 먼 훗날 아이들이 우리 눈과 마음에서 눈물을 흘리게 할 것입니다.

이렇게 하나님의 모든 말씀을 바르게 가르치고 기도로 아이들을 섬기는 데 가장 효과적이며 성경적인 수단이 바로 가정 예배입니다.

가정에서 매일 정해진 시간에 예배를 드린다면 우리 아이들은 그 시간을 자신들의 시간표에서도 따로 떼어 생각할 것입니다. 엄숙하고 진지하게 예배를 드린다면 아이들은 가정 예배를 일반적인 활동과는 달리 생각할 것입니다. 부모의 입을 통해 들려지는 하나님의 말씀은 부모의 삶의 태도와 함께 아이들에게 그대로 전달될 것입니다. 또 부모와 함께 기도하는 것은 아주 체험적이면서도 정서적인 경험일 것입니다. 성경을 통해 배운 진리가 기도와 어떻게 연결되는지, 그 기도가 삶으로 어떻게 스며드는지 그리고 그 모든 것을 함께 알고, 보고, 누리는 공동체가 있다는 것이 어떤 의미인지를 배운다는 것은 아주 특별하고 달콤한 일입니다. 위로는 하나님만을 섬기고, 서로를 향해서는 영적 연합을 이루는 것이야말로 가족의 모든 필요를 채워 주기 때문입니다. 정서적 안정감은 말할 것도 없습니다.

온 가족이 함께 둘러앉아 하나님의 말씀을 즐거이 듣고, 날마다 베풀어 주시는 하나님의 은혜에 크게 감사하며, 하나님의 뜻이 하늘에서 이루어진 것같이 땅에서도 이루어지기를 간절히 기도하는 가정을 생각해 보십시오. 우리가 모두 바라는 모습이 아닙니까?

만약 가정에 다소 어려움이 있을 때 가족이 모두 한마음으로 하나님만 의지하는 모습을 보인다면 그 신앙 지식과 경험은 구성원 모두에게 어떤 의미가 될까요?

병이나 사고로 크게 다쳐 살 날이 많지 않은 사람이 있다고 합시다. 그 사람이 이전부터 가정 예배를 드려왔다고 합시다. 가정 예배가 살 날이 많지 않은 그 사람에게 어떤 의미가 될까요? 어떤 사람에게는 오늘이 가정 예배를 드릴 수 있는 마지막 날일 수 있습니다.

왜 가정 예배를 드려야 합니까?

가정에서도 하나님을 예배해야 하기 때문입니다. 예배하고 싶기 때문입니다. 모든 참 신자는 그것이 신자의 의무일 뿐만 아니라 행복임을 알기 때문입니다. 신자의 삶의 중심이 예배인 것처럼 믿음의 가정 생활의 중심도 예배기 때문입니다.

왜 가정 예배를 드려야 합니까?

남편과 아내와 부모와 자녀의 영혼에 관심이 있기 때문입니다. 영혼에 대한 관심의 정도가 가정 예배를 결정합니다. 우리는 가족의 영원한 복을 위해, 가족의 구원을 위해 가정 예배를 드립니다.

가정 예배가 이처럼 중요하기 때문에 청교도 선조들은 가족들의 경건을 위해 힘쓰지 않고, 아이들에게 교리문답을 가르치지 않는 가장을 치리의 대상으로 삼을 정도였습니다. 사실 청교도 선조들의 가정 경건생활에 대한 역사 자료들을 읽다 보면 혀를 내두를 정도입니다. 청교도 선조들에 비해 너무도 하향 평준화된 우리에게는 가정 경건에 대한 청교도 선조들의 태도와 애정이 부담스럽기만 합니다.

과연 무엇이 청교도들로 하여금 가정 경건생활에 대해 그와 같은 열심을 내게 했을까요? 물론 그때와 오늘날은 다릅니다. 여러 환경과 상황상 그때 청교도 선조들의 열심을 그대로 따라하는 것은 거의 불가능합니다. 하지만 우리는 우리의 열심을 낼 수 있습니다. 우리가 우리는 청교도들처럼 할 수 없다며 우리의 열심을 내지 않는 이유는 가정 예배에 대한 하나님의 말씀을 가벼이 여기고, 가정 예배가 주는 아름답고 선한 유익들을 알지 못하기 때문입니다. 가정 예배의 가치를 알지 못하기 때문입니다.

우리는 세상에서 우리의 이름을 알리기 위해, 더 풍요롭게 살기 위해, 순간순간 움켜쥐고자 하는 것을 위해 얼마나 열심을 내어 삽니까? 그에 비해 저 영원한 것들에 대한 우리의 마음과 태도는 어떠합니까?

하나님을, 진리를, 복음을 사랑하고 기뻐하는 사람은 누구보다 가족들과 함께 이것을 나누고 싶어합니다. 이것은 단지 의무가 아닙니다. 모든 예배는 저 천국의 삶을 맛보는 것입니다. 그래서 우리는 가정 예배를 드려야 합니다.

우리 아이들이 하나님과 신앙에 대해 말하거나 질문할 때 어떻습니까? 그 기쁨과 행복을 어떻게 설명할 수 있을까요? 성경을 사랑하고, 진지하게 기도하고, 감사 가득한 마음으로 찬양하는 모습은 어떻습니까?

아이들의 영혼과 삶은 부모에게 달려 있습니다. 하나님께서는 부모에게 아이들을 맡겨 주셨습니다. 아이들을 돌보는 일은 우리의 할 일을 다한 후에 처리할 일이 아닙니다. 이것은 모든 부모에게 최우선 순위의 일입니다. 우리 아이들을 결코 영적 고아로 만들어서는 안 되겠습니다. 부모의 신앙 지도 없이 자라는 아이들은 영적인 고아들과 다를 바가 없기 때문입니다.

우리 아이들이 훗날 우리에게 이렇게 말하도록 하면 안 되겠습니다.

"왜 가정 예배를 드리지 않았나요?"

"왜 주의 교양과 훈계로 날 가르쳐 주지 않았나요?"

"왜 날 위해 기도하지 않았나요?"

"왜 내 영혼에 무관심했나요?"

더 깊은 공부와 나눔을 위한 질문

1. 가정 예배에 대해 말하는 성경의 근거 구절들을 읽어 봅시다. 또 다른 구절들을 찾아보고 나눠 봅시다.

2. 지은이는 "왜 꼭 가정 예배여야 하는가?" 하고 묻는 이들에게 어떻게 답하고 있습니까? 그 이유를 설명해 봅시다.

3. 교회 역사를 통해 우리 믿음의 선조들이 어떻게 가정 경건생활을 했는지 살펴봅시다.

4. 교회 역사를 볼 때 오늘날 우리나라 교회의 현실은 어떻습니까? 개인과 우리 가정의 모습을 되돌아보고 나눠 봅시다.

5. "가정 예배"와 "가정 경건회"라는 용어를 정리해 봅시다.

6. 지은이는 왜 가정 예배를 드려야 한다고 말합니까?

7. 가정 예배가 주는 아름답고 선한 유익들이나 가치에 대해 새롭게 알게 되거나 느끼게 된 부분이 있다면 나눠 봅시다.

<2장 가정 예배의 중요성과 필요성>을 읽으면서 하나님께서 깨닫게 해 주신 것과 베풀어 주신 은혜를 생각하며 감사합시다. 또 깨달아 배우고 확신한 일에 거할 수 있게 해 달라고 기도합시다.

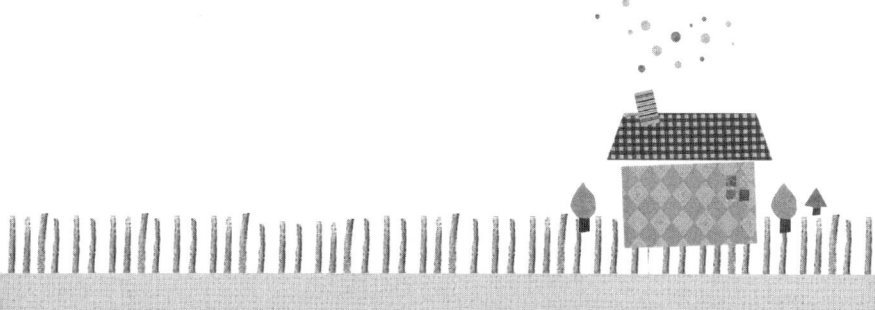

3장

가정 예배를 드립시다

가정 예배 드리기가 어려운 이유와 실천

가정 예배를 실제 드리는 것은 아직 한 번도 하지 않은 가정이나, 어느 정도 꾸준히 드리고 있는 가정이나 쉬운 일이 아닙니다. 가장 근본적인 원인은 우리가 죄인이기 때문입니다. 우리는 본성적으로 하나님을 찾고 예배하는 것을 싫어합니다. 거듭난 그리스도인조차도 교만, 게으름, 영적 무관심 등과 같은 죄와 계속 싸워야 합니다. 이런 영적인 원인 말고도 다른 여러 이유가 있습니다. 육체적인 고단함, 미숙한 인도, 성격, 부족한 지식, 시간 맞추기, 장소, 환경 등 인적, 물질적, 심리적 요인들도 많습니다.

그래서 가장 먼저 해야 할 일은 우리가 정말 어려워하는 이유가 무엇인지를 진지하게 생각해 보고 정리하는 것입니다. 우리 가정에 잘 갖추어진 것은 무엇인지, 무엇이 부족하거나 어려운지 등을 점검하고 확인한 후 부족하고 어려운 부분들은 더 많은 기도와 애정으로 해결해 나가고, 잘 갖추어진 부분들은 더욱 강화하여 자리 잡게 해야 합니다.

누구나 처음부터 가정 예배를 잘 인도할 수는 없습니다. 누구에게나 가정 예배가 자연스러운 것은 아닙니다. 간절히 사모해 왔다고 해도 막상 자신이 꿈꿔 오고 기대한 것과는 조금 다를 수 있습니다. 때로는 실망할 수도 있습니다. 어떻게 해야 할까요?

가정 예배도 독서 모임과 같습니다. 가정 예배를 드리는 것도 농사짓기와 비슷합니다. 시간이 많이 필요합니다. 그리고 당연히 어려움이 많습니다. 좋은 것이라고 해서 특별히 그것이 예배라고 해서 우리에게 처음부터 큰 기쁨과 만족감을 주지는 않습니다. 우리에게 필요한 것은 완벽한 프로그램이 아닙니다. 하나님께서 명령하시고 원하시는 것은 날마다, 진지하게, 하나님을 예배하고, 하나님의 말씀을 사랑하며 순종하고, 하나님을 찬양하는 것입니다. 우리 마음 가장 깊은 곳에서 바로 이 부분들만 잘 알고 있으면 됩니다. 간절히 원하기만 하면 됩니다. 하나님께 날마다 은혜를 구하면서 목회자와 주위에 있는 신실한 가정의 도움을 지속적으로 받으며 겸손하고 경건하게 가정 예배를 드려간다면 하나님께서는 가정 예배 안에서 놀랍도록 큰 은혜를 베풀어 주실 것입니다.

시간 정하여 지키기

시간은 가족 전체가 모이기에 가장 좋은 시간이면 어느 때라도 상관없습니다. 우리 믿음의 선조들은 하루에도 몇 번씩 모여서 경건의 시간을 보냈습니다. 현대 사회를 사는 우리는 그렇게까지 하기는 쉽지 않지만 보통 가정에서는 아침과 저녁 두 번에 걸쳐서 시간을 낼 수 있습니다.

아침에는 회사와 학교 등에 가는 준비로 분주하므로 함께 모여 성경을 한 장 정도 읽고 교리문답을 암송한 후 하루를 시작하는 기도를 하면 좋을 것입니다. 저녁에는 시간을 충분히 확보하여 가정 예배를 드리는 것이 가장 좋습니다. 구성원, 순서, 방법 등에 따라 시간은 짧을 수도 길 수도 있습니다.

어쨌든 중요한 것은 시간을 정하는 것입니다. 가족 구성원 모두가 함께 시간을 정해서 알고 있어야 합니다. 서로 기억나게 해 줘야 합니다. 그리고 꾸준히 지켜 나가야 합니다.

우리는 땀 흘려 일하고 나서 받은 수익 중 십분의 일을 따로 떼어서 하나님께 헌금합니다. 우리에게 주신 모든 것이 다 하나님의 것임을 시인하며 하나님께 감사하는 것입니다. 시간도 그렇게 해야 합니다. 하루 24시간의 십분의 일은 2시간 24분입니다. 우리가 2시간 30여 분을 하나님을 예배하고 아는 데 사용한다면 삶에 어떤 일이 일어날까요? 현실을 감안한다고 해도 최소한 한 시간 정도는 반드시 시간을 내야 합니다. 개인 경건생활과 가정 경건생활을 위해서는 최소한 한 시간 정도의 시간이 필요하기 때문입니다.

물론 한 번에 한 시간을 내야 한다면 다소 부담스러울 수 있습니다. 그러나 시간을 잘게 나누어서 잘 활용한다면 하루에 두 시간도 충분히 경건생활에 사용할 수 있습니다.

처음에는 목표를 전체 30분으로 잡습니다. 전체 30분은 아무라도 가능한 시간입니다. 우선 아침에 일어나서 성경 한 장을 보거나 교리문답이나 성경 구절을 암송합니다. 그리고 간단히 기도합니다. 5분 정도면 될 것입니다. 점심 때나 오후에 짬을 내어 10분 정도 신앙 서적을 읽거나 주일 예배 말씀 등을 묵상합니다. 저녁에는 10-15분 정도의 시간을 할애해 가정 예배를 드리거나 가정 경건회를 가집니다. 그리고 잠자리에 들기 전 기도합니다.

정말 시간을 내기 어려운가요? 아닙니다. 대부분의 경우 이런 시간들은 개인과 가정마다 차이는 좀 있겠지만 충분히 낼 수 있습니다. 단지 문제가 있다면 우리가 원하지 않는다는 사실입니다.

미성년자나 초신자의 경우는 이 정도만 해도 충분할 것입니다. 그러나 성숙한 신자, 특히 가장들은 막중하고도 영광스러운 책임감으로 자신과 가정의 경건을 위해 더 많은 시간을 할애하여 힘써야 합니다(또 그것을 원할 것입니다).

가장들은 아침에 일어나서 최소 10-15분은 하나님의 말씀을 묵상하고 기도하면서 하루를 준비합니다. 가족 구성원이 다 일어나면 각자의 삶과 가정 전체를 하나님께 맡기는 기도를 함으로써 하루를 시작합니다. 그리고 틈날 때마다(예: 화장실에 갈 때를 잘 활용하기 위해 휴대폰의 메모장에 그날 저녁 예배 모임의 성경 본문을 메모하여 여러 번 읽는다거나 교리문답을 암송합니다.) 신앙 서적을 읽거나 저녁 가정 예배(또는 경건회) 때 나눌 말씀을 공부합니다. 저녁에 온 가족을 데리고 하나님께 참되고 엄숙하게 예배합니다. 밤에는 좀 더 깊이 있게 공부를 하거나 다음날 성경 본문을 묵상합니다. 그리고 잠자리에 들기 전에는 아내와 자녀들을 위해 뜨겁게 기도합니다. 때로는 두 시간이 너무 적은 시간이 되기도 합니다.

이것이 불가능한 일인가요? 정말 어려운 일인가요? 아닙니다. 원하기만 하면 아무나 할 수 있습니다.

가정에서는 아무것도 안 하면서 우리 아이들을 교회학교에만 맡기는 것은 직무 유기입니다. 가장이, 부모가 자신의 가정을 위해, 아이들을 위해 아무것도 안 하면서(또는 소극적이면서) 아이들의 영혼이 잘될 것이라고 생각하는 것은 정말 잘못된 생각입니다. 얼마나 많은 사람이 회사 동료들을 위해서는 선의를 베풀고, 교회에서는 적극적으로 봉사하면서 자신의 가정에는 그렇게 무심한지요. 가정의 경건생활에 힘쓰지 않으면서 다른 사람의 영혼을 돕겠다는 것은 가족 구성원들에게 큰 상처가 될 뿐만 아니라 교회 공동체적으로도 결코 건강하지 못한 태도입니다. 하나님께서는 "누구든지 자기 친족 특히 자기 가족을 돌보지 아니하면 믿음을 배반한 자요

불신자보다 더 악한 자"(딤전 5:8)라고 말씀하셨습니다.

가정은 신앙생활의 요람이요 가장 기초적인 공동체입니다. 가정에서 건강하게 신앙생활을 배우고 경험한 사람이 교회에서도 그렇게 할 수 있습니다. 날마다 정해진 시간에 가정 예배를 드리는 것은 결국 가정과 교회를 모두 살리는 일입니다.

가정 예배 모임 시간은 아이들이 어린 경우 10-15분 정도가 적당합니다. 아이들이 어리다는 것을 감안하고, 또 다른 가정의 예배 이야기를 들어 보면 그 정도가 적당한 것 같습니다. 그런데 사실 이것도 하나의 습관이어서 저희 집 같은 경우는 아이들이 많이 어려도 15-20분 정도 합니다. 물론 시간이 길다고 더 좋은 것은 아닙니다. 어쨌든 보통의 경우 20분 이상은 아이들이 많이 힘들어 할 수 있습니다. 제가 중고등학생일 때는 가정 예배를 20-30분 정도 드렸던 것 같습니다. 짧고 간결하게 한다고 해서 충분하지 않은 것도 아니고, 긴 시간을 할애한다고 해서 아주 풍성한 것만도 아닙니다. 꼭 필요하지 않은 이야기나 순서로 지루하게 하기보다는 간결한 것이 좋습니다. 각 가정마다 맞춰 나가면 됩니다.

만약 가족 구성원 중 일부가 여러 이유로 가정 경건회를 부담스러워한다면 일단은 매일이 아니라 일주일에 한두 번 정도로 시작하면 됩니다. 모임 구성도 찬송 한두 곡을 경외하는 마음으로 부른 후, 말씀이나 교리문답 등을 짧게 나누고, 간단한 기도로 마치는 식으로 하면 5-10분 정도가 되는데, 일주일에 하루나 이틀 정도 이렇게 모이는 것까지 피하지는 않을 것입니다.

저희 집은 주로 저녁 시간에 가정 경건회로 모입니다. 저희는 저녁 식사 후, 8시에서 8시 반 사이에 가정 예배 모임을 시작합니다. 이 시간을 지키려고 때로는 설거지를 밤늦게나 다음날 할 때도 있습니다. 어쨌든 이렇게 시간을 지키려고 하니 다섯 살, 세 살인 아이들이 이 시간을 압니다. 저희 부부가 각자 할 일 때문에 예배 모임 시간이 평소보다 조금 늦어졌는데 하영이가 기다리다 지쳐 성경책을 베고 잘 정도로 시간을 잘 알고 있습니다. 자기들이 먼저 성경책을 꺼내 놓고 예배드리자며 저와 아내를 부르는 날도 많습니다.

가끔은 예배가 끝난 후에 자기들끼리 예배 놀이를 합니다. 자기들이 보는 이야기책을 꺼내서 맨 첫 페이지를 펴 놓고는 사도신경이라고 말하면서 중얼거립니다. 방금 예배 드렸잖느냐고 물으면 또 예배한답니다. 다섯 살 하영이가 "민하야, 민하야, 예배 드리자. 92장." 하고 말한 후 "거룩거룩거룩 전능~." 찬송을 부릅니다. 세 살 민하는 언니가 하니 자기도 무조건 따라합니다.

이 예쁜 아이들이 사춘기가 되면 어떻게 될지 아무도 모릅니다. 저희는 다만 지금에 충실할 뿐입니다. 당장 내일이라도 이 아이들과 작별할 수 있다는 마음으로 그날그날에 충실할 뿐입니다.

밥을 먹는 시간이 반드시 존재하는 것처럼, 씻는 시간이 반드시 존재하는 것처럼, 청소하는 시간이, 또 하루의 일과를 정리하는 시간이, 그렇게 생존하기 위해 하는 행동들이 반드시 존재하는 것처럼 가정 예배가 존재하게끔 해야 합니다.

시간을 정하여 지키게 되면 나중에는 그 시간들이 우리를 지켜 줍니다.

순서

① 사도신경
② 찬양
③ 말씀 나눔과 교리문답
④ 찬양과 감사
⑤ 기도
⑥ 교제

이것은 현재 저희 가정의 일반적인 예배 모임 순서입니다. 이런 순서는 각 가정마다 상황과 환경에 따라 천차만별일 것입니다.

① 사도신경 (1-2분)

    전능하사 천지를 만드신 하나님 아버지를 내가 믿사오며

    그 외아들 우리 주 예수 그리스도를 믿사오니

    이는 성령으로 잉태하사 동정녀 마리아에게 나시고

    본디오 빌라도에게 고난을 받으사, 십자가에 못박혀 죽으시고

장사한 지 사흘 만에 죽은 자 가운데서 다시 살아나시며

하늘에 오르사, 전능하신 하나님 우편에 앉아 계시다가

저리로서 산 자와 죽은 자를 심판하러 오시리라

성령을 믿사오며

거룩한 공회와

성도가 서로 교통하는 것과

죄를 사하여 주시는 것과

몸이 다시 사는 것과

영원히 사는 것을 믿사옵나이다. 아멘.

가장 먼저 사도신경으로 신앙고백하며 예배를 시작하는 이유는 교회가 신앙고백 공동체기 때문입니다. 우리의 예배가 누구를 대상으로 하는지, 우리가 무엇을 믿고 있는지를 먼저 확인하고 함께 고백하는 것은 신자의 모든 모임에서 아주 중요한 일입니다.

  지금 저희 가정도 제가 어렸을 때 배운 것처럼 사도신경으로 예배를 시작하는데 "사도신경으로 우리의 신앙을 고백하겠습니다. 우리는 이것을 믿습니다."라는 말을 한 후에 다 같이 사도신경으로 신앙고백합니다. 구성원들은 지금 우리가 사도신경의 내용으로 우리의 신앙을 고백하고 있다는 것을 듣습니다. 그리고 "우리는 이것을 믿습니다."라는 말과 함께 사도신경을 읽으며 실제 신앙을 고백합니다. 그래서 이 시간은 아주 진지하고 엄숙해야 합니다.

사도신경을 꼭 외워서 말할 필요는 없습니다. 저희 가정은 사도신경을 보면서 함께 읽습니다. 아이들이 어리기 때문에 조금 천천히 합니다. 그리고 아이들에게는 시간이 날 때마다 사도신경의 각 고백들이 의미하는 바를 설명해 줍니다. 가장은 『웨스트민스터 신앙고백』, 『웨스트민스터 대교리문답』Westminster Larger Catechism, 『웨스트민스터 소교리문답』, 『하이델베르크 교리문답』Heidelberg Catechism 등을 평소에 잘 공부하여 사도신경을 아내와 자녀들에게 충분히 설명해 줘야 합니다. 사도신경이 말하는 바를 잘 알지 못하면서 중얼거리기만 한다면 그것은 주문밖에 되지 않기 때문입니다.

② 찬양 (5-8분)

사도신경 다음에는 가급적 찬송가 앞쪽에 있는 곡들이나 시편 찬송으로 찬양합니다. 찬송가 앞쪽에는 삼위 하나님을 직접적으로 찬양하는 곡들이 많습니다. 하나님께서 어떤 분이신지, 왜 찬양받기에 합당하신지에 대한 가사가 명확하며, 우리 마음을 하나님께로만 인도합니다. 저희 집은 새찬송가로 말씀드리면 "큰 영광 중에 계신 주"(20장), "다 찬양하여라"(21장), "만 입이 내게 있으면"(23장), "빛나고 높은 보좌와"(27장), "만유의 주재"(32장), "기뻐하며 경배하세"(64장), "주 하나님 지으신 모든 세계"(79장), "구주를 생각만 해도"(85장), "주 예수보다 더 귀한 것은 없네"(94장)와 같은 찬송을 주로 부릅니다.

상황에 따라 시편을 그냥 함께 읽기만 해도 좋습니다.

저희 집은 찬송가를 부르고 나서는 다섯 살, 세 살인 아이들을 고려하여 영·유아부에서 배운 찬양을 두 곡 정도 함께 부릅니다. 이때가 아이들이 가장 즐거워하는 시간입니다. 아주 흥분합니다.

③ 말씀 나눔과 교리문답

(아이들이 어린 경우 5분, 초등학교 고학년 이상일 경우 10-15분)

저희 집은 신혼 초에는 창세기와 마태복음 등을 차례로 나누다가 이후에는 필요에 따라 교리문답으로 대신하기도 하고, 시편이나 다른 본문 등을 나누기도 했습니다(아이들이 어리다면 특별히 필요한 경우가 아니라면 복음서와 역사서 등이 좋다고 생각합니다). 지금은 성경 본문을 함께 읽고 제가 본문에 대한 설명을 이야기한 후 교리문답을 확인합니다(교리문답은 하루 중 틈날 때마다 아이들과 질문을 주고받습니다).

가정 예배서 등을 이용하는 방법도 있지만 많은 책이 성경 본문을 충분한 이해 없이 너무 피상적으로 다루거나 인간중심적으로 해설합니다. 따라서 저는 별로 추천해 드리고 싶지 않습니다. 가장이 교리적인 면에서 충분히 훈련을 받았고, 교회 등에서 성경 해석에 대한 공부를 어느 정도 배웠다면 매일 성경 본문을 직접 공부하여 말씀을 전하는 것이 가장 좋다고 생각합니다. 말씀을 나누는 자가 자신이 애써 씨름한 내용을 가지고 다른 사람에게 확신과 기쁨을 갖고 전하는 것과 주어진 자료를 단순히 활용하는 것은 분명히 차이가 있을 것입니다.

교리적 지식이 부족하거나 성경에 대한 공부가 부족한 경우에는 우리 믿음의 선조들의 좋은 설교와 주석들과 무엇보다 섬기는 교회 목사님의 설교 등으로 도움을 받아 성경 본문을 공부하고 정리하면 좋습니다. 물론 훈련받은 사람들도 마찬가지입니다.

가장들이 매일 말씀 준비를 충분히 하는 것이 어렵다면 월요일에는 주일 설교를 다시 정리하여 나누고, 화요일에는 교리문답을 집중적으로 공부하고, 수요일에는 그동안 매일 조금씩 준비했던 말씀을 나누는 식으로 해도 좋습니다.

방법은 정말이지 각 가정의 상황과 환경에 따라 아주 다양할 것입니다. 중요한 것은 방법보다도 무엇을 전하고 나누는가입니다.

이것은 가정 예배 모임입니다. 가정 경건회입니다. 진리가 선포되는 시간이요, 진리를 배우고, 진리에 순종하는 시간입니다. 따라서 가장은 하나님의 말씀을 가족에게 전할 때 가족 구성원 그 누구보다도 두렵고 떨림으로 예배 모임을 준비해야 합니다. 그렇게 준비한 하나님의 말씀에 대한 나눔은 부끄럽거나 거칠 것이 없어야 합니다. 가장이 전하는 것은, 전해야 하는 것은 바로 복음이기 때문입니다.

그렇기 때문에 가장은 인간적 위로와 격려를 한다거나 인간적

책망을 해서는 안 됩니다. 가장은 구성원들이 그리스도를 바라보게 하고, 그리스도 앞에서 회개하고, 그리스도로 위로를 얻고, 그리스도로 힘입고, 그리스도로 만족하게 해야 합니다.

저희 부모님은 언제나 주의 말씀을 근거로 가르치셨습니다. 당신들의 권위를 말씀하신 적이 없으십니다. 그것이 제가 부모님을 더욱 사랑하고 존경하며 따르는 이유입니다.

마지막으로 가능하면 교리문답을 하는 것이 좋습니다. 예부터 가장 좋은 학습 방법 중 하나가 바로 문답법입니다. 질문에 답하는 것은 사고를 정확하게 해 줍니다. 그리고 좋은 질문일수록 정확하고 좋은 대답을 이끌어 냅니다. 교리문답보다 더 좋은 것은 없는 이유가 여기에 있습니다. 성경의 교훈을 잘 요약하고 성경에 충실한 좋은 질문과 대답이 있기 때문입니다.

다음 이야기를 하기 전에 말씀 나눔에 너무 큰 부담을 가질 필요는 없다는 말씀을 덧붙여야겠습니다. 대부분의 가장은 목회자가 아닙니다. 우리는 설교를 해야 하는 것이 아닙니다. 우리는 우리 각자의 처지와 환경에서 최선을 다하면 됩니다. 우리가 할 수 있는 것을 하면 됩니다. 말씀을 함께 읽기만 해도 예배 모임이 깨달음과 감동으로 풍성할 때가 있다는 것은 우리에게 큰 위로가 됩니다.

④ 찬양과 감사 (3-4분)

이 시간은 말씀을 통해 교훈과 은혜를 베풀어 주신 하나님께 감사하면서 찬양합니다(기도할 때 감사와 찬양에 대한 고백을 함으로 생략할 수도 있습니다).

⑤ 기도 (3-5분)

가장 먼저 삼위 하나님을 찬양하고, 하나님의 나라와 의를 구합니다. 그리고 역시 말씀을 통해 교훈과 은혜를 베풀어 주신 하나님께 감사하면서, 우리가 배우고 확신한 일에 거할 수 있게 해 달라고 기도합니다. 다음으로 하루를 살면서 하나님 앞에서 지은 모든 죄를 회개합니다. 이어서 가족의 필요를 구하며 기도합니다. 아이들이 너무 어리면 부모 중 한 명이 대표로 기도할 수도 있겠지만, 가능하면 짧은 시간이라도 가족 전체가 한마음으로 구체적인 기도 제목을 갖고 함께 기도하는 것이 좋습니다. 간단한 기도를 아이들이 따라하게끔 하며 하는 것도 좋습니다. 시간적 제약이 많다면 몇몇 기도 제목들은 매일 하기보다는 요일별로 나눠서 기도합니다.

기도는 누구에게나 쉬운 언어로 간결하게 하되 아주 구체적이고 실제적인 것으로 해야 합니다. 어린 자녀들이나 신앙이 어린 사람도 지금 무엇을 왜 기도하고 있는지 알 수 있어야 하며 지루하지 않게 자녀들의 직접적인 관심사를 반드시 포함해서 기도해야 합니다.

저희 집에서는 아이들이 기도의 내용을 배우고 따라하게끔 자주 천천히 합니다. 그러면 아이들은 비록 온전하지 못한 발음과 느린 속도지만 즐겁게 따라합니다. 저희처럼 아이들이 많이 어린 경우에는 매일 단순하면서도 반복적인 기도 문구가 몇 개 있는 것도 좋습니다. 저희 아이들은 "오늘 밤을 주님께 맡깁니다."나 "우리의 주와 구주이신 예수님의 이름으로 기도합니다. 아멘."과 같은 기도 문구 등을 잘 따라하며, 이런 기도 문구들을 예배 모임 때가 아닌 다른 시간에도 수시로 중얼거립니다. 기회가 될 때마다 아이들에게 기도 내용이나 자주 하는 기도 문구의 의미를 설명해 주며, 아이들은 이렇게 기도를 배워 갑니다.

⑥ 교제

교제가 꼭 예배를 드리고 나서 있을 필요는 없습니다. 가족 간의 교제는 하루 중 아무 때라도 가능합니다. 함께하는 것 자체가 교제입니다. 가족이기 때문입니다. 그러나 특별히 예배를 드리고 나서 나누는 교제는 영적·정서적 만족감이 훨씬 높습니다. 저녁을 먹으면서 하루를 어떻게 살았는지에 대해 나누지 못한 가정이라면 이 시간에 그런 소소한 이야기도 나눌 수 있겠고, 무엇보다 부모나 자녀의 고민이나 어려움을 함께 나누며 풀어 가는 시간을 보내면서 가정은 연합하고 더욱 단란해져 갑니다.

물론 필요나 상황에 따라서는 말씀을 나누고 기도하기 전에 나누는 대화도 있을 것입니다. 가정 예배 모임이기 때문에 가능하다고 생각합니다. 가정 예배가 교회에서 드리는 공예배보다 가볍다는 의미가 아닙니다. 어떤 예배든지 마음의 태도는 동일해야 합니다. 다만 가정에서 가족끼리 드리는 예배기에 편하고, 형식이나 방법에서 더 자유로움이 많다는 것입니다.

개인 공부

모임 때 듣고 나누었던 내용 중 이해가 다소 어렵거나 더 자세하게 알고 싶은 부분들은 모임이 끝나자마자 바로 공부합니다. 간단한 설명으로 충분한 것은 모임 중에 바로 나누는 게 좋겠지만 설명하기에 시간이 상당히 필요한 경우는 이 시간에 함께 공부하면 좋습니다.

자녀들은 부모님께 질문하여 충분히 설명을 들을 수도 있겠고, 성경 사전이나 각종 주석서 등을 활용해 직접 공부해 본 후 부모님과 다시(당일이든 그다음날이든) 이야기를 나눠도 좋습니다.

자녀가 질문한 것 중 부모가 잘 모르는 경우가 있다면 모르는 것은 모른다고 솔직하게 말하고 다음 시간까지 공부해서 알려 준다고 한 뒤 공부한 후 되도록 다음날까지는 알려 주도록 합니다.

저도 어렸을 때 성경을 읽거나 예배를 드리면서 궁금한 게 생기면 부모님께 여쭤 보기도 하고 집에 있는 성경 사전이나 성경에 달린 간단한 풀이나 해설을 보면서 공부했습니다. 부모님께서는 잘 알고 계시는 부분들은 바로 설명해 주시며 격려해 주셨고, 잘 모르시는 부분은 알아보기도 하셨고, 저 스스로 성경 사전 등을 통해 공부할 수 있게 지도해 주셨습니다.

인도자

다음 이야기로 가기 전에 잠깐 누가 인도할 것인가를 나누면 좋겠습니다. 인도는 일반적으로 가정의 가장인 아버지(남편)가 합니다. 그것이 하나님의 질서입니다. 하나님의 질서기에 이것이 가족 모두를 위해 가장 좋은 것입니다. 그러나 아버지가 부재중일 때는 어머니가 인도합니다. 어떤 책에서는 장남이 해야 한다고 말하는데 자녀가 모두 어린 경우나 딸만 있는 경우에는 당연히 어머니가 인도합니다. 아들이 있는 경우에도 자녀들이 장성하기 전에는 부모의 권위와 질서 아래 있다는 것을 생각할 때 어머니가 인도하는 것이 맞다고 생각합니다.

    남편이 예수 그리스도를 믿지 않는 집에서 아내가 자녀들과 함께 예배드리고 싶을 때는, 남편에게 자녀들과 함께 예배드리고 싶다고 말하면 아주 완악하지 않는 한 못하게 하지는 않을 것입니다. 다만 이런 경우 아내가 교회 일에만 너무 헌신적이고 가정을 잘 돌보지 않는다거나 하는 약점이 없고, 평소에 남편을 잘 위하고, 가정의 건강과 화목을 위해 애쓴다는 전제가 있습니다.

요일별 구체적인 방법

처음부터 매일 시간을 떼어서 말씀 공부를 하고, 그것을 바로 가정 예배 모임 등에 적용하기는 쉽지 않으므로 앞서 잠깐 언급했듯이 말씀 공부는 되도록 매일 꾸준히 하되 가정 예배 때 말씀 나눔은 요일별로 다르게 한다면 부담을 많이 덜 수 있습니다. 이어지는 글은 단지 예시일 뿐이므로 역시 각 가정마다 알맞게 적용하면 됩니다.

주일 – 주일 설교

주일은 모든 일을 쉬고 하나님을 예배하고 경건에 더욱 힘쓰는 날입니다. 교회 가기 전 아침 시간은 교리문답을 하고 성경을 함께 읽으면서 보냅니다. 주일마다 특정 본문을 연속해서 통독하는 것은 더욱 좋습니다.

주일 저녁에는 주일 설교를 다시 정리하여 나눕니다. 공부할 때 학습한 것을 24시간 내에 복습하는 것이 매우 중요하듯이 주일 설교도 저녁에 정리하여 나눕니다. 설교의 개요만 나누어도 설교의 핵심이 기억나고 감동이 되살아납니다. 개요를 나눈 후에는 하나님을 찬양하고 각자 깨닫거나 받은 감동을 나누고 필요하다면 각 가정의 삶에 어떻게 적용할 것인가를 잠깐 나누는 것만으로도 충분합니다. 저희는 집에 돌아오는 길에 서로 주일 설교에 대해 이야기합니다. 설교를 통해 깨닫고 배운 것을 함께 나누는 것이 저희에게 아주 유익합니다.

월/화/목요일 - 『하이델베르크 교리문답』 또는 『웨스트민스터 신앙고백』
우리 선조들은 교육적인 효과가 탁월하고 내용적으로도 가치 있는 『웨스트민스터 신앙고백』이나 『하이델베르크 교리문답』 등을 주일 저녁(또는 오후)마다 설교하거나 함께 배우는 시간을 가졌습니다. 만약 신앙생활 하고 있는 교회에서도 이 전통을 이어 받아 주일마다 그렇게 하고 있다면 더욱 좋겠지만, 혹 그렇지 않아도 괜찮습니다. 신앙고백 특히 교리문답은 어떻게 보면 가정 예배 본문으로 가장 좋은 교재기 때문입니다.

『하이델베르크 교리문답』 중 17주일 내용을 보겠습니다.

> 45문. 그리스도께서 부활하신 것이 우리에게 주는 유익은 무엇입니까?
> 답. 첫째, 그리스도께서는 부활하심으로써 죽음을 이기셨으며, 죽음의 값을 치르심으로써 우리를 위해 얻으신 그 의에 우리로 참여하게 하십니다. 둘째, 그리스도께서는 우리가 그리스도의 능력에 힘입어 새로운 생명으로 다시 살아나게 하셨습니다. 셋째, 그리스도께서 부활하신 것은 우리가 영광스럽게 부활할 것에 대한 보증입니다.

이처럼 교리문답은 신앙생활 하면서 궁금할 수 있는 중요한 내용, 신앙생활에 중요한 핵심 교리에 대해 잘 정리하게 해 줍니다. 인도자가 굳이 상세히 설명할 필요가 없습니다. 질문에 대한 답 자체로도 충분합니다. 답의 의미를 함께 생각해 보고, 관련 성경 구절들을 찾아보기만 하는 것으로도 충분합니다.

건강한 교회에서는 각 가정들이 최소한 일주일에 한 번쯤은 가정 예배를 드릴 수 있게끔 좋은 가정 예배 순서지를 소개하거나 직접 정성스럽게 작성하기도 합니다. 이렇게 교회에서 각 가정의 경건생활에 깊은 관심을 갖고 독려하는 경우 교회에서 작성하거나 소개한 예배 순서지를 기쁨과 감사함으로 잘 활용할 수 있습니다. 혹 각 가정의 경건생활에 대해 관심이 많지만 아직 소개하거나 작성하지 못한 교회가 있다면 이제부터라도 시작하면 됩니다. 집에서 가정 예배를 드리려고 하니 교회에서 좋은 책이나 방법을 소개해 주거나 순서지를 만들어 주었으면 좋겠다고 목회자분들에게 요청하면 오히려 목회자분들은 기다렸다는 듯이 크게 기뻐할 것입니다.

토요일 - 성경 중 한 권을 택하여 차례대로

토요일에는 다른 날보다 성경 공부를 할 수 있는 시간이 많으므로 66권 중 하나를 선택하여 단락별로 공부를 하고, 가정 예배 모임에서 다른 날보다는 좀 더 시간을 할애하여 공부한 것을 가지고 좀 더 풍성히 나누면 좋을 것입니다.

만약 주일에 강해 설교를 하는 교회에서 신앙생활을 하고 있다면 토요일 이 시간을 더욱 알차게 사용할 수 있습니다. 주일에 설교될 본문을 예상하여 전날인 토요일에 공부하고 준비하면, 토요일에 해당 본문을 미리 살펴보고 공부한 후, 주일에 목회자의 성경에 충실한 설교를 마음껏 듣고, 그날 저녁에 다시 정리할 수 있게 됩니다. 이렇게 하면 교회와 가정에서 같은 본문으로 동일한 말씀을 듣고 배움으로써 시너지 효과가 일어날 것입니다. 주일에 교회에서 목회자를 통해 설교된 말씀이 주일 하루로 그치지 않고 가정에서도 계속해서 영향력을 끼칠 것이며, 교회에서 하는 신앙생활과 가정에서 하는 신앙생활이 더욱 가까워질 것입니다.

수/금요일

수요일이나 금요일은 교회별로 수요 기도회, 금요 기도회가 있기도 하니, 교회별로 또 각 가정의 상황에 따라 가정 경건회를 재량껏 하시면 됩니다.

또 가정에 따라서는 칼빈John Calvin의 『기독교 강요』와 같은 고전이나 교회에서 추천해 주는 좋은 경건 서적 등을 읽고 나눠도 좋습니다.

아침에 일어났을 때와 잠자리에 들 때

아침에 온 가족이 모두 깨어났을 때 함께 모여 지난밤을 지켜 주시고 새로운 날을 허락하신 하나님께 감사하고, 오늘 하루를 하나님 앞에서 거룩하게 살기를 소망하며 은혜를 구하고 필요한 간구를 하면서 전적으로 의지하는 기도를 합니다. 잠들기 전에는 오늘 하루를 지켜 주신 것에 감사하며 하루를 살면서 하나님을 전적으로 의지하지 않았거나 거룩하게 살지 않은 모든 죄를 아뢰고, 다음날은 더욱 주님을 의지하며 살기를 소망하며 밤을 지켜 주시기를 구하며 기도합니다.

이처럼 아침에 막 일어났을 때와 밤에 잠자리에 들 때 온 가족이 모여 기도하는 것은 가정의 하루가 하나님께 달려 있음을 보여 주는 것이기 때문에 중요합니다.

이 외에도 제가 쓴 『독서 모임 "대답은 있다" 이야기』(그 책의 사람들)의 2부 "4장 독서 모임 이렇게 하자"를 참고하시면 도움을 받으실 수 있습니다.

더 깊은 공부와 나눔을 위한 질문

1. 지은이는 가정 예배를 드리는 것이 쉬운 일이 아니라고 말합니다. 그 근본적인 원인은 무엇입니까?

2. 가정 예배를 드리는 것이 쉽지 않다면 가장 먼저 해야 할 일은 무엇입니까?

3. 지은이는 특별히 이 책에서 가정 예배를 무엇과 같다고 말합니까?

4. "시간 정하여 지키기" 부분을 읽고 개인 경건 시간과 가정 예배를 위한 시간 계획을 세워 봅시다.

5. 지은이는 가정 예배 때 가장이 인간적인 위로와 격려를 한다거나 인간적인 책망을 해서는 안 된다고 말합니다. 그렇다면 어떻게 해야 합니까?

6. 지은이는 교리문답이 신앙생활 하는 데 어떤 도움을 준다고 말합니까?

7. 『독서 모임 "대답은 있다" 이야기』 2부 "4장 독서 모임 이렇게 하자" 부분을 읽고 나눠 봅시다.

<3장 가정 예배를 드립시다>를 읽으면서 하나님께서 깨닫게 해 주신 것과 베풀어 주신 은혜를 생각하며 감사합시다. 또 깨달아 배우고 확신한 일에 거할 수 있게 해 달라고 기도합시다.

Family Worship

4장

가정 예배와 가정 그리고 교회

모든 신자의 생활의 정점과 중심과 기초가 예배듯이 가정생활의 정점과 중심과 기초 또한 가정 예배입니다.

영적 연합

가정 예배는 무엇보다 가족 구성원 사이에 영적 연합을 이루게 해 줍니다. 더욱 단단하고 힘 있게 해 줍니다. 그것은 가족이 혈연 공동체일 뿐만 아니라 무엇보다 영적 공동체기 때문입니다. 우리는 아무도 혼자 살 수 없고 그것은 신앙생활에서 더욱 그렇습니다.

신앙의 유산은 언제나 부모 세대에서 자녀 세대로, 교회에서 각 가정으로 이어지고, 모든 신자는 언제나 공동체 안에서 예배로 나아갑니다. 그리스도께서는 진리와 사랑으로 모든 신자를 연합하게 해 주시며, 우리는 그리스도 안에서 하나가 됩니다. 한 아버지를 섬기고 예배하며, 유일한 중보자이신 그리스도 안에서 죄의 죽음과 거듭남과 거룩함을 경험합니다. 서로 시기하고 질투하고 미워하는 마음이 아니라 그리스도의 은혜 안에서 서로 존중하고 섬기며 사랑하는 마음으로 하나가 되기에 진리와 사랑 안에서 이루어지는 영적 연합은 우리에게 커다란 만족과 안정을 줍니다.

이것을 가정 예배만큼 잘 보여 주는 것이 없습니다. 가정 예배 모임은 그 가정이 가장 가치 있게 생각하는 것이 무엇인지를 나누는 곳이며 실제 보여 주는 곳입니다. 가정 예배는 영적 연합을 눈으로 보고 마음으로 느끼며 확신하게 합니다. 우리는 가정 예배 안에서 같은 신앙고백 안에 묶여 있으며, 그 안에서 함께 알아 가고, 자라 가고, 서로 격려하고 위로하며, 한 사람이 넘어졌을 때 다른 사람이 일으켜 줌을 경험함으로써 다른 어떤 관계에서보다 큰 사랑과 행복을 맛봅니다.

부모는 자녀들에게 노하지 않고 온유함으로 자녀들을 기다립니다. 부모는 하나님께서 부모에게 주신 권위로 자녀들을 바르게 가르치고 책망하며 의로 교육합니다. 말과 혀로만이 아니라 행함과 진실함으로 모범을 보입니다. 이처럼 성경에 합당하게 교훈과 격려와 위로와 책망을 행사할 때 우리 자녀들은 죄에서 멀어지고 그리스도께 나아가게 될 것입니다.

이를 위해 제임스 제인웨이James Janeway와 코튼 매더Cotton Mather가 엮은 『아이들의 회심 이야기』A Token for Children(지평서원 역간)를 꼭 읽어 보십시오. 이 책은 부모가 자녀들을 위해 무엇을 해야 하는지, 자녀들에게서 무엇을 봐야 하는지를 보여 줍니다. 이 책은 부모와 자녀 모두에게 가장 긴급하고 중요한 일이 무엇인지를 감동적으로 보여 줍니다.

우리 자녀들, 우리 아이들에게 가장 필요한 것이 무엇입니까? 본질상 진노의 자녀요 마음으로 생각하는 모든 것이 항상 악한 우리 모두에게 가장 필요한 것이 무엇입니까? 질병이나 불의의 사고로 살 날이 얼마 남지 않은 가족에게 가장 필요한 것이 무엇입니까? 회심입니다. 새로운 생명과 본성입니다. 거듭남입니다. 그리스도를 주와 구주로 받아들이고 믿음 안에서 사는 새로운 삶입니다.

많은 사람이 아이들의 교육을 위해 아주 어렸을 때부터 한글과 영어를 가르치고 음악과 미술을 배우게 합니다. 영어를 예로 든다면, 흔히 영어 교육을 위해 영어 바다에 빠지게 하라고 합니다. 보이는 것, 들리는 것 모두 영어가 되게 하라고 합니다. 영어 두뇌를 만들라고 합니다. 반복해서 보고 듣고 말하고 쓰게 합니다. 그렇다면 신앙은 더욱 그래야 합니다. 집안 곳곳에 신앙 서적들이 있어야 합니다. 어디에서도 볼 수 있고, 손만 뻗으면 잡고 읽을 수 있게끔 해야 합니다. 주야로 성경을 읽고 묵상해야 합니다. 무슨 일을 하든 기도해야 합니다. 어떤 상황에서도 하나님을 찬양하고, 하나님께 감사해야 합니다.

왜 가정 예배를 드려야 합니까? 가정 예배를 중요하게 생각하고 시간을 정하여 정기적으로 예배하는 가정의 아이들은 성경을 사랑합니다. 부모와 함께 기도하고 또 홀로 기도합니다. 문제나 고민 앞에서 하나님께 손을 듭니다. 부모에게 물어봅니다. 궁극적으로 성경에서 답을 찾으려 합니다.

교회에서만이 아니라 가정에서도 성경을 꾸준히 읽고 기도하는 아이는 교회에서만 예배하고 기도하는 아이보다 자신의 영혼에 대해 더 잘 알게 됩니다. 자신에게 무엇보다 그리스도가 필요함을 더 잘 알게 됩니다. 자신이 새롭게 태어나야 함을, 회심해야 함을, 그래서 새로운 생명 안에서, 새로운 본성으로 거룩한 삶을 살아야 함을 더 잘 알게 됩니다.

또한 가정 예배가 중심이 된 가정 경건생활은 회심한 사람, 거듭난 신자의 삶이 어떠해야 함을 보여 줄 뿐만 아니라 아직 회심하지 못한 사람, 새로운 생명 안에 있지 못한 사람에게 가장 필요한 것이 무엇인지를 잘 보여 주기 때문에 중요합니다.

자녀가 글을 읽을 수 있든, 갓 돌이 지난 아기든 상관없습니다. 그 아이들에게도 자신들의 성경책을 쥐어 주십시오. 아주 어린 아기들이 무엇인가를 볼 수 있을 때 가장 먼저 성경책을 보여 주십시오. 무엇인가에 손을 댈 수 있을 때, 무엇인가를 잡을 수 있을 때 성경책을 앞에 놓아 주십시오. 집안 곳곳에 탁월하고 경건한 신앙서적들을 놓아 주십시오. 아이들이 가장 많이 보는 모습이 부모의 기도하는 모습, 성경 안에서 이 세상의 모든 문제에 대한 대답 즉 하나님의 뜻을 겸손하게 찾는 모습이 되게 해 주십시오.

가정은 신앙만이 아니라 삶도 배우는 곳이기에 중요합니다. 가정 예배가 중심이 된 가정생활 안에서 아이들은 하나님 앞에서 행하는 부모의 신앙과 삶의 태도를 적극적이면서도 자연스럽게 배웁니다. 아이들은 가정 예배를 통해 부모의 신앙과 삶에 있는 고민과 아픔을 보고 듣습니다. 아이들은 부모가 전적으로 하나님을 의지하는 것을 봅니다. 하나님께 순종하는 모습을 봅니다. 아이들은 부모가 하나님 앞에서 자신들의 죄를 회개하는 것을 봅니다. 이때 왜 회개하는지, 죄의 결과가 무엇인지도 듣습니다. 성경의 가르침을 치열하게 삶의 현장에서 살아 내려 애쓰는 부모를 봅니다. 부모가 믿음 안에서 깊이 연합되어 있고, 서로 존중하고 뜨겁게 사랑하는 모습을 봅니다. 이 모두를 통해 아이들은 살아 계시며 참되신 오직 한 하나님만이 자신들의 신앙의 대상임을 알게 됩니다. 그리고 자신들도 전적으로 하나님을 의지합니다. 죄를 미워합니다. 부모에게 순종합니다. 부모에게 순종함으로 궁극적으로 하나님께 순종하는 법을 배웁니다. 또 하나님께 순종하기 때문에 부모에게 순종하는 선순환을 경험합니다(히브리 원어로 하나님을 공경하라고 할 때 쓰는 단어와 부모를 공경하라고 할 때 쓰는 단어가 같은 것은 우연이 아닙니다). 성경의 가르침에 따라 치열하게 살아가려 노력합니다.

부모가 먼저 거룩하고 좋은 부모로서 위대한 신앙의 모범을 보이고 주의 교훈으로 가르치면 자녀들은 그에 합당하게 순종과 존경과 사랑으로 자신들의 부모에게 반응합니다.

이것이 가정 예배가 주는 유익입니다. 부모가 자녀들에게 줄 수 있는 가장 큰 선물입니다. 가족이라는 깊은 관계에서만 맛볼 수 있는 복입니다.

가정에서 이루어지는 교제가 가장 꾸밈없는 교제라는 것도 장점입니다. 사실 일주일에 한 번 모이는 교회 공동체 모임에서는 우리 자신을 기만하고 가면을 쓸 수도 있습니다. 남들에게 보이기 위한 것들을 우리의 행위로 삼을 수 있습니다. 숨기고 싶은 것을 숨길 수도 있습니다. 그러나 다른 어떤 인간관계에서보다 가정에서 이루어지는 교제와 나눔은 가장 솔직하고 투명합니다. 투명할 수밖에 없습니다. 늘 보는 사이고, 그래서 신앙과 말과 행동이 다 드러나기 때문입니다. 이런 이유로 가정에서 나누는 교제는 어떤 모임이나 관계보다 더 중요합니다.

그리고 바로 그런 이유로 가정에서 이해와 용납, 용서, 사랑 등을 배우는 것은 다른 어디에서 배우는 것보다 분명하고 효과가 크며 영향력 면에서도 지속적입니다. 혹 외부에서 큰 어려움을 당하고 상처를 받았다 할지라도 가정이 건강할수록 상처는 작게 느껴지고 어려움은 더 쉽게 극복할 수 있기 때문입니다.

가정에 충실합시다

가정과 가정 예배가 우리에게 주는 유익이 이렇게나 많은데, 가정이 이렇게나 중요한데, 오늘날 많은 사람이 가정을 돌보지 않는 것이 정말 안타깝습니다.

많은 사람이, 많은 교회 공동체가 말합니다. 우리 가족이 되자고. 가족과 같은 모임이 되자고. 그러나 정작 가정에서는 어떠합니까? 우리의 가정 그 자체 말입니다. 우리의 부모님이 계시는 곳, 우리의 남편과 아내, 우리의 아이들이 있는 그 가정 말입니다. 하나님께서 피로 맺어 주신 혈연 공동체, 가장 가깝고, 가장 사랑하고, 가장 섬겨야 할 우리의 가정 말입니다.

적지 않은 가정이 교회 공동체에 쏟는 관심만큼만 가정에 쏟는다면 달라질 것입니다. 우리 선조들의 역사가 그렇게 말합니다. 가정 예배를 드리는 우리 가까이에 있는 가정들이 교회와 가정에서 균형과 조화를, 그것을 위한 노력을 보여 주고 있습니다.

가정에서 상처 받으신 분들께 말씀드리고 싶습니다. 가정으로 돌아가십시오. 부모님과 함께, 형제자매와 함께, 자녀와 함께 예배하십시오. 가정에서 받은 상처도 가정 예배를 통해 해결하십시오. 함께 대화하고, 용서하고, 사랑하십시오. 많은 가정이 가정 예배를 통해 회복했습니다. 가정 예배를 드리면서 하나님께 맡기십시오. 함께 노력하십시오.

또 가정에 소홀하신 분들께 말씀드리고 싶습니다. 가정으로 돌아가십시오. 역시 부모님과 함께, 형제자매와 함께, 자녀와 함께 예배하십시오. 그것이 바로 여러분이 결혼해서 만들고 싶은, 싫어했던 가정의 모습이 아닌가요? 지금의 가정 예배는 여러분의 이상과는 다르다고요? 여러분의 생각이나 기호와는 달라서 싫다고요? 나중에 여러분의 배우자와 자녀들이 똑같은 말을 여러분에게 한다면 무엇이라고 대답하시겠습니까? 지금 자신의 가정에서부터 시작하십시오. 함께 대화하고, 이해하고, 맞추어 가십시오.

영적 질서와 역할

가장

가장은 하나님이 맡겨 주신 가정을 인도하는 자로서 경외감을 갖고 하나님께 겸손하게 엎드리고, 하나님의 말씀을 뜨겁게 사랑하고, 하나님의 말씀에 순종하는 자여야 합니다. 그러면 하나님께서는 가장에게 영적 권위를 주시며, 그 권위를 통해 일하시기를 기뻐하십니다. 아버지 또는 가장의 권위는 가족 구성원 그 누구보다 하나님 말씀 앞에 순종하고, 진리를 사랑하는 것으로 세워지기 때문입니다.

또한 가장은 가족 앞에서는 부드럽고 진지하며 당당하게 하나님의 말씀을 다뤄야 합니다. 가정 예배는 내가 하고 싶은 이야기를 하는 시간이 아닙니다. 하나님을 바라보고, 하나님의 말씀을 듣고 배우는 시간입니다. 하나님의 진리가 선포되는 시간입니다. 가장은 사람일 뿐이므로 아내와 자녀들이 오로지 그리스도만을 바라보게끔, 하나님의 말씀만을 깊이 사랑하게끔 인도하고 도와야 합니다. 자신은 숨겨지고 오직 하나님만이 밝히 드러나시도록 해야 합니다. 그것이 가장의 의무와 섬김입니다.

그와 함께 가장은 성경의 가르침에 합당하게 자녀들을 교훈하거나 책망하여 바르게 이끌어야 합니다. 성경은 바르게 행동하지 못한 자녀들을 바르게 교육하지 못한 엘리 제사장의 이야기 등을 통해 부모가 자녀를 바로 인도하지 못하고 올바로 가르치지 아니했을 때 일어나는 무서운 결과들을 보여 줍니다.

세상이 그 어느 때보다도 악한 시대입니다. 세상에는 죄악된 본성을 자극하는 많은 유혹 거리들이 있습니다. 이런 세상에 대항하여 가장은 가정을 대표하여 이렇게 외칠 수 있어야 합니다. "오직 나와 내 집은 여호와를 섬기겠노라"(수 24:15)! 그리고 가장은 자녀들이 "진리로 허리 띠를 띠고 의의 호심경을 붙이고 평안의 복음이 준비한 것으로 신을 신고 모든 것 위에 믿음의 방패를 가지고 구원의 투구와 성령의 검 곧 하나님의 말씀"(엡 6:14-17 참고)을 갖도록 잘 가르쳐야 합니다.

하나님의 말씀을 가르치는 것과 함께 가장이 자녀들을 가르치는 중요한 방법 중 하나가 신앙의 본을 보이는 것입니다. 자녀들

특히나 어린 자녀들은 부모의 말과 행동을 그대로 따라합니다. 아이들은 부모가 기도할 때 얼굴을 조금 찌푸리면 자기들도 찌푸리며 기도합니다. 몸을 앞뒤로 흔들며 기도하거나 찬송을 부를 때 몸을 좌우로 흔들면 자기들도 그렇게 합니다. 이런 작은 행동뿐이겠습니까? 부모의 말과 신앙의 태도도 그대로 배웁니다. 아이들은 다른 부모에게서 배우지 않습니다. 선생님이나 친구들에게 배우는 것도 부모에게서 배우는 것과 비교할 수 없습니다. 자녀들은 대부분을 부모에게서 아주 정확하고 신속하게 배웁니다. 따라서 가장은 자녀들에게 바르고 거룩한 신앙의 태도의 모범을 보여 주고 자녀들이 잘 배우도록 도와야 합니다. 어려움이나 아픔, 분노 등을 어떻게 해석하고, 어떻게 받아들이고, 그것을 두고 어떻게 기도해야 하는지에 대한 바른 판단과 경건의 태도 그리고 실제 어떻게 감정을 다스리고 행동해야 하는지에 대한 실천 등을 자녀에게 잘 가르치고 보여 주면 자녀들은 늙어서도 이 귀한 신앙의 본에서 떠나지 않을 것입니다.

그러나 가장은 그 무엇보다도 자녀들의 회심을 위해 애써야 합니다. 회심하지 않은 아이의 미래를 상상해 보십시오. 그 영혼의 불쌍함과 하나님을 영화롭게 하지 못하는 아이의 악한 본성을 생각해 보십시오. 자녀의 영혼을 날마다 살피고 애통하며 기도해야 합니다. 이것이 가장 큰 의무요 섬김입니다.

이 모든 것을 위해 가장은 열심히 하나님의 말씀을 공부해야 합니다(6장에서 더 말씀드리겠습니다). 그리고 열심히 기도해야 합니다. 또 자녀들 스스로 꾸준히 성경을 읽고 공부하며 기도하게끔 권면해야 합니다.

아내(어머니)
아내의 역할과 의무도 가장과 거의 비슷합니다. 다만 가정의 질서를 생각할 때 특별히 중요한 것이 하나 있는데, 그것은 아내가 가장인 남편을 세워 주는 것입니다.

자녀들 앞에서 무엇인가를 결정할 때 남편과 다른 결론을 이야기한다거나 남편의 말이나 행동 중 잘못된 것을 지적하게 되면 남편은 가장으로서 책무를 감당하기가 무척 어려워집니다. 특히 예배 모임에서 남편이 말씀 나눔을 할 때 지적하거나 반박하면 더욱 그렇습니다. 아내는 혹 문제가 있다고 판단되면 남편과 단 둘이 있을 때 그런 의견들을 조심스럽게 이야기함으로써 남편이 여전히 존중받고 있고, 남편이 가정의 가장임을 알려 줄 수 있습니다. 자녀들 앞에서는 남편을 격려하고 칭찬하면서 남편의 권위를 인정해 줄 수 있습니다. 경건한 남편이라면 그런 아내를 더욱 사랑하고 존중하며 자신을 더욱 철저히 살필 것입니다.

자녀들은 그런 부모의 모습을 보면서 가정의 질서를 배웁니다. 사랑과 존중을 근거로 한 이런 질서는 가정에서 가장 잘 배울 수 있기에 정말 중요합니다.

자녀들

자녀들도 당연히 적극적으로 자신의 영혼을 위해 울어야 합니다. 회심을 위해 간절히 기도하고 부모님과 함께 가정 경건생활에 적극 참여하면서 하나님의 말씀을 잘 배워야 합니다. 부모님만큼 여러분의 영혼을 사랑하고 위하여 기도하는 사람은 없다는 것을 기억하십시오.

가정 예배는 교회를 건강하게 합니다

가정 예배는 가정뿐만 아니라 교회도 건강하게 만들어 줍니다. 앞에서 교회에서 선포되는 주일 설교와 가정 예배 방법을 연결하여 설명드린 것을 기억하실 것입니다. 그와 같은 방법은 교회의 공예배와 설교가 가정에서 이루어지는 경건생활과 밀접한 관계에 있도록 해 줍니다. 각 가정은 설교를 기다리고(주중 특히 말씀을 미리 공부하는 토요일), 설교를 주의 깊게 듣고 사랑하며(주일), 설교를 실천하게(다시 되새기는 주일 저녁부터 주 내내) 됩니다.

부모는 목회자를 기뻐하며 목회자에게 순종하게 되고, 자녀들은 부모가 전하는 말씀을 듣고 부모에게 순종한 것처럼(때론 그 이상) 목회자를 기뻐하며 목회자에게 순종하게 됩니다.

부모와 자녀들은 가정에서 경험한 영적 연합과 정서적 안정감 등을 더 큰 울타리인 교회 안에서 더욱 크게 체험합니다. 가정에서 그랬던 것처럼 교회에서는 성도와 성도, 목회자와 성도들 간의 끈끈하고 건강한 교제가 풍성해집니다. 교회에서와 가정에서 배우는 신앙고백과 교리문답들을 통해 각 가정은 교회가 같은 신앙고백을 하는 영적 공동체임을 경험합니다.

함께 성장하는 교회와 가정

여기서 한 가지 짚고 넘어갈 것은 지금 우리가 가정을 중심으로 이야기하고 있다는 것입니다. 실제 이런 일들은 보통 교회에서 먼저 시작합니다. 즉 교회가 먼저 하나님의 말씀을 공적으로 선포하고 신앙과 신자의 삶에 대해 가르쳐 주며 인도합니다. 가정도 교회를 통해 깨닫고 배우게 되는 것입니다. 모든 신자가 그러하듯 모든 가정도 교회 의존적이며 교회를 중심으로 살아가기 때문입니다.

그리고 이제 교회를 통해 바르고 건강한 신앙을 배워 가는 가정은 더욱 건강하고 경건해질 것이며 교회를 사랑하고 섬길 것입니다. 그런 가정들이 많을수록 교회는 더욱 건강해질 것이고, 그런 교회와 가정 경건생활의 유익을 달콤하게 맛본 가정들은 아직 그렇지 못한 가정들에게 선한 영향력을 끼치는 순환이 계속될 것입니다.

어머니의 넓은 사랑 (새찬송가 579장)

1. 어머니의 넓은 사랑 귀하고도 귀하다
   그 사랑이 언제든지 나를 감싸 줍니다
   내가 울 때 어머니는 주께 기도드리고
   내가 기뻐 웃을 때에 찬송 부르십니다

2. 아침저녁 읽으시던 어머니의 성경책
   손때 남은 구절마다 모습 본 듯합니다
   믿는 자는 누구든지 영생함을 얻으리
   들려주신 귀한 말씀 이제 힘이 됩니다

더 깊은 공부와 나눔을 위한 질문

1. "영적 연합" 부분을 읽고 가정 예배를 통해 얻는 가족 구성원 간의 영적 연합에 대해 나눠 봅시다.

2. 『아이들의 회심 이야기』를 읽고 나눠 봅시다.

3. "가정에 충실합시다" 부분을 읽고 자신과 가정을 되돌아보고 나눠 봅시다.

4. "영적 질서와 역할" 부분을 읽고 가정에서 각자 위치를 되돌아보고 나눠 봅시다. 자신이 잘하고 있는 부분이나 부족한 부분이 무엇인지 되돌아보고 함께 기도합시다.

5. 가정 예배는 가정을 건강하게 만들어 줍니다. 나아가 무엇을 건강하게 만들어 줍니까? 이 사실이 왜 중요한지 함께 생각해 보고 나눠 봅시다.

<4장 가정 예배와 가정 그리고 교회>를 읽으면서 하나님께서 깨닫게 해 주신 것과 베풀어 주신 은혜를 생각하며 감사합시다. 또 깨달아 배우고 확신한 일에 거할 수 있게 해 달라고 기도합시다.

Family Worship

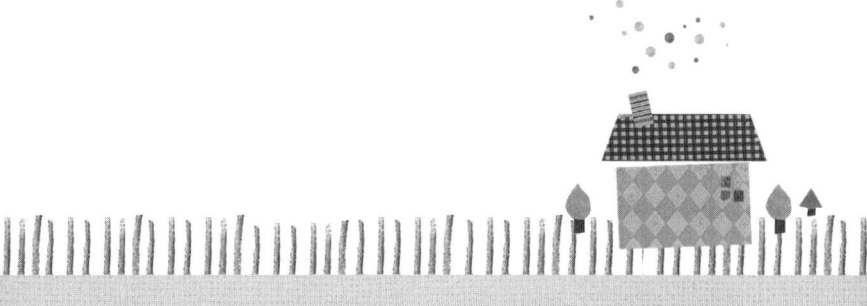

5장

가정 예배에 대한
온갖 어려움과 태만에 대해

시간 만들기

하루에 5분이라는 시간은 아무라도 가능한 시간입니다. 좋아하는 텔레비전 프로그램 보는 시간에서 5분을 줄이면 됩니다. 청소와 정리 정돈이나 저녁 식사 이후에 하는 설거지 등의 집안일을 온 가족이 함께 협력하면 5분 이상의 시간도 만들어 낼 수 있습니다. 각 가정마다 저녁 시간을 어떻게 보내고 있는지, 어떻게 사용하고 있는지 시간표를 그려서 정리하면 정말 꼭 해야 할 일들에 필요한 시간, 가족 모두에게 유익한 시간과 그렇지 않은 시간을 구분할 수 있고, 더 효율적인 시간 관리를 할 수 있습니다. 어떤 교회들에서는 가정에서 식사 후 바로 가정 경건의 시간을 갖게끔 권면하고 돕기도 합니다. 실제 많은 가정이 아침 식사 시간 후에 짧지만 소중한 가정 경건을 실천합니다. 저녁 때는 따로 시간을 할애해서 좀 더 풍성하고 깊은 경건을 실천합니다. 가정 형편상 또 직업적인 특수성 때문에 가장이 아주 밤늦게 들어오는 가정들은 주말에, 비록 일주일에 한두 번 정도일지라도 그 시간을 아주 알차게 보냅니다.

우리 모두 정직하게 질문하고 답해 봤으면 합니다. 우리의 삶은 회사에서 돌아오면, 집안일 좀 하다 보면 정말 하루가 다 갔다고 생각할 만큼 분주하고 피곤한 삶입니다. 그러나 정말 하루가 다 갔나요? 정말 더는 아무것도 못할 정도인가요?

우리의 가정 경건생활이 최우선 순위가 되게끔 합시다. 가정경건생활이 가장 중요하다고 생각한다면 우리의 우선순위를 재정리합시다. 사실은 가정 예배나 성경 공부에 별로 관심이 없다거나 귀찮다는 우리의 속마음을 하나님 앞에 내려놓고 반성합시다. 텔레비전 보기 등이 우리의 가족들, 특히 자녀들보다 더 소중해서는 안 됩니다.

가장 중요한 것은 가족이 가급적 정해진 시간에 모여 신앙에 관련된 무엇이라도 함께 하는 것입니다. 목표를 매일로 정하고 노력하되 힘들면 일주일에 한두 번이라도 계획을 잡고 시작하는 것입니다. 우리가 살기 위해 반드시 밥을 먹는 것처럼 가정이 살기 위해 반드시 함께 말씀을 나누고 찬양하고 기도해야 합니다.

매일 5분씩 시간을 낼 수 있는 경우에는, 며칠 해 보고 나서 곧바로 시간을 10분, 20분으로 늘리지 말고 매일 5분씩 3-4주 정도 함께 모이는 것부터 습관을 들이십시오. 중요성을 깨닫고 유익을 누리면서 동시에 5분씩 하는 모임이 습관이 되면 이후에 시간을 조금씩 늘리면서 좀 더 깊고 풍요로운 경건생활을 할 수 있습니다. 식사가 끝난 바로 그 자리에서부터 시작하십시오. 식사 후 장소만 이동해서 바로 시작하십시오. 그러면 할 수 있고, 그래야 할 수 있습니다.

도저히 여러 상황상 당장은 주말 외에는 시간이 어려운 가정에서는 주말만이라도 정해진 시간에 성실하게 모임을 하십시오. 역시 모임의 중요성을 깨닫고 유익을 누리게 되면 없던 시간도 만들어지고 숨어 있던 시간도 보이게 될 것입니다. 한두 달 정도 토요일만 모이다가 하루씩 늘려 가면서 천천히 시도해 보십시오. 믿지 않는 가족의 반대로 매일 드리기가 어려운 경우가 있을 수 있습니다. 일주일에 하루 이틀씩부터 시작하십시오.

그 외 온 가족이 신앙생활을 하는 가정에서는 매일 드리도록 합니다. 매일 꾸준히 드리는 것이 아주 중요합니다. 어떤 날은 드리고 어떤 날은 드리지 않으면, 기분이 좋지 않거나 육체적으로 고단하거나 할 때 예배 모임을 피할 핑계를 아무도 거부할 수 없게 됩니다. 매일 꾸준히 10분씩이라도 모이는 것이 어떤 날은 30-40분 가정 예배를 드리고, 어떤 날은 드리지 않는 것보다 훨씬 낫습니다.

모임 전

모임 전에는 주변을 정리하는 것이 좋습니다. 가정이라고 편하게만 생각하면 안 됩니다. 어수선한 분위기와 환경에서는 집중하기가 힘듭니다.

이를 위해 교회에서처럼 가정에서도 가정 경건생활을 시작할 때 전화기를 꺼 놓는 것이 좋습니다. 가정 예배를 드리는 장소만 조명을 켜 두고 다른 곳은 꺼 두는 것도 집중을 위해 좋습니다.

가장은 가정 예배를 드리기 10여 분 전부터 성경 본문이나 교리 문답의 내용을 다시 한 번 정리하고 그에 맞춰 어떤 찬송을 부를지도 생각하는 시간을 갖습니다. 가장이 이렇게 하면 다른 가족은 곧 예배 모임이 시작될 것을 예상하고 자연스럽게 마음과 환경을 준비하게 됩니다.

온 가족이 모일 수 없는 경우

먼저 중요한 전제 하나를 말씀드리겠습니다. 가족 모두가 신앙생활을 하지 않는 가정에서 신앙생활을 하고 있는 사람은 다른 사람들보다 더욱 신앙을 아주 바르고 건강하게 실천해야 합니다. 신자라고 하지만 교회 일에만 열심이고 자기 일에는 성실하지 않고, 가정을 잘 돌보지 않으며, 성품이 덕스럽지 않다면 신앙생활 하는 것 자체를 가족들이 불편하고 위선적이라고 생각할 것입니다. 그러면 가정 경건생활을 하는 것 자체가 너무 어렵게 됩니다. 따라서 신자는 새로운 피조물로서도 그렇고, 복음에 따라서도 그래야겠지만 가족들에게 흠잡히지 않기 위해서도 말과 행동 모두 도덕적으로 본이 되고 실천적이어야 합니다. 가정을 잘 돌보고 섬기며, 학업이나 직장 일에 성실해야 합니다. 그래야 가족들에게 복음을 전하거나 가정에서 신앙생활을 할 때 힘이 생깁니다.

이제 신앙생활을 하고 있는 사람이 신앙을 바르고 건강하게 실천하고 있다는 가정하에 말씀드리겠습니다.

자녀들은 신앙생활을 하는데 부모님 두 분 다 신앙생활을 하지 않는 경우 부모님께 가정 예배를 드리고 싶다고 먼저 말씀드리십시오. 믿지 않는 부모님이라고 해도 가정의 권위와 질서는 여전히 부모님께 있습니다. 말씀을 드릴 때 부모님을 사랑해서, 이 가정이 정말 소중해서 가정 예배를 드리고 싶다고 이야기하십시오. 부모님도 같이 참석하시면 좋겠지만, 지금 당장 그것이 편하지 않으시다면 우리끼리라도 시간을 정해서 5-10분 정도 찬양하고 기도하고 싶다고 말씀드리십시오. 그것이 여러분에게 정서적으로도 훨씬 좋아서 공부를 하거나 자기 일을 할 때 큰 힘이 된다고 말씀드리십시오. 거절하는 부모님이 많지 않으실 것입니다. 경건회를 할 수 있게 된다면 경건회를 하게 됨으로 말미암아 가정을 더 사랑하게 되는 모습을 보여 드리십시오. 부모님을 더욱 존경하고 따르는 모습을 보여 드리십시오. 부모님의 이름을 부르며 기도하십시오. 눈물로 기도하는 모습을 보여 드리십시오. 그러면서 기회가 되는 대로 짧게라도 복음을 자주 전하십시오.

만약 크게 반대하신다면 골방에서 기도와 찬양을 하시면서 기회가 되는대로 계속해서 허락을 구하십시오. 부모님이 크게 불편해하시는데도 무조건 해야겠다고 강행 돌파하는 것은 결코 지혜롭지 못한 행동입니다.

아버지만 신앙생활을 하지 않는 경우에도 마찬가지입니다. 먼저 가정의 권위는 가장인 아버지에게 있음을 기억하고 온 가족이 허락을 구해야 합니다. 아버지가 가장이니까 허락을 받고 싶다고 이야기하면서 아버지를 존중하고 높여 주는 것이 중요합니다. 나머지는 앞에서 한 이야기와 같습니다.

부모는 나름 신실하게 신앙생활을 하고 있는데 자녀들이 신앙에 전혀 무관심하거나, 신앙을 배척하는 경우 부모의 권위로 무조건 데려다가 무릎 꿇리고 억지로 같이 모임하게 하는 것은 자녀들에게 더 큰 상처를 주는 것입니다. 자녀들은 신앙에서 더욱 멀어질 것입니다.

자녀가 교회에 출석은 하지만 신앙에는 관심이 없는 것은, 많은 경우 평소 부모가 자녀들의 학업 성취 외에는 관심이 없어 자녀들과 인격적으로 깊이 교제하지 않거나, 부모의 신앙이 형식적이거나 위선적이기 때문입니다. 자녀의 생각과 마음에 귀 기울이지 않으면서 자녀들이 부모에게는 그렇게 해 주기를 바라는 것이 정당할까요? 먼저 회복할 것은 부모와 자녀가 한 가족으로서 마땅히 누려야 할 친밀한 교제와 정서적 안정입니다. 또 집에서 보이는 모습과 교회에서 보이는 모습이 차이가 많이 난다면 부모 자신부터 먼저 신앙을 돌아보고 하나님의 은혜를 구해야 합니다.

자녀들이 부모의 진정한 관심이나 변화를 알게 된다면 자녀들도 조금씩 마음을 열 것입니다.

흔히 가족을 전도하는 일이 가장 어렵다고 합니다. 맞습니다. 우리의 신앙이 아무리 좋아도, 우리가 주님 주신 이 위대한 신앙에 아무리 합당한 삶을 살아도 우리의 가족들은 복음을 거절할 수 있습니다. 정말 완악해서 진리의 빛이 비춰지고, 진리의 증거들이 보이는데도 단단한 마음을 가질 수 있습니다. 그러나 우리의 신앙이 건강하지 못해서, 우리가 지혜롭게 처신하지 못해서 복음을 거절할 수도 있습니다. 우리의 신앙이 건강만 하다면, 우리가 지혜롭게 처신만 한다면 복음에 대해 마음을 열 수 있는 사람들이 결코 적지 않습니다.

예수님을 믿는다고는 하는데, 신앙생활을 한 이후로도 거의(또는 전혀) 변화가 없다면, 가족들이 변화를 알 수 없다면 무엇이 문제일까요? 아니 오히려 가족들에게 소홀해진다면 무엇이 문제일까요? 우리는 정말 예수님을 믿고 있는 것일까요? 우리의 신앙은 건강한 것일까요? 우리는 지혜롭게 행동하고 있는 것일까요?

제가 가깝게 아는 어떤 분은 가족과 친척들을 전도하는 데 삼십 년이라는 시간이 걸렸습니다. 오랜 세월 동안 온갖 핍박과 모욕 속에서도 하나님만을 바라보면서, 눈물로 기도하고, 가족들을 섬기고 사랑해 온 결과, 가족과 친척들이 이제야 기독교에 대한 반감을 거두고 신앙에 관심이 조금 생긴 정도입니다. 그분은 큰 손해를 여러 번 보기도 하고, 많은 오해를 받기도 하고, 예수님 믿는다는 이유만으로 무조건 미움을 받아야 했습니다. 하지만 그럴수록 더욱 가족과 친척들을 용서하고, 하나라도 더 주기 위해 노력하고, 저들의 영혼을 불쌍히 여기며 갖은 섬김을 다했습니다. 예수님의 이름으로, 신앙이라는 이름으로 말입니다. 그리고 이제야 가족과 친척들과 함께하는 신앙생활의 시작점에 본격적으로 서게 된 것입니다.

한 달이 걸릴지, 일 년이 걸릴지, 십 년이 걸릴지, 얼마나 걸릴지 우리는 모릅니다. 분명한 것은 우리의 믿음 없는 가족들은 우리의 말과 행동으로 기독교를 판단한다는 사실입니다. 기독교가 정말 능력이 있는 진리인지를 판단한다는 것입니다. 정말 새로운 피조물이 되는지, 정말 성경에서 말하는 내용과 합당한 삶을 사는지를 보고 하나님과 성경을 판단한다는 것입니다.

예수님을 믿고 복음을 기뻐하고 그래서 믿지 않는 사랑하는 가족들을 긍휼히 여기고 가족들을 잘 돕고 싶은 마음은 가득한데, 많은 거절감 때문에, 많은 실패의 기억 때문에 힘들어하시는 분들은 더욱 용기를 내시기 바랍니다. 하나님을 더욱더 간절히 의지하십시오. 믿게 되는 것, 구원을 받는 것이 모두 하나님께서 하시는 일임을 기억하시면서 하나님을 더욱 간절히 의지하십시오. 그리고 최선으로 가족을 섬기십시오. 사랑하십시오.

실제로는 자신조차도 믿음에 확신이 없고, 그래서 가족을 대하는 것이 더욱 어려우신 분들은 먼저 자신을 하나님 앞에 세우십시오. 먼저 하나님과 해결하십시오. 건강하고 단단한 믿음을 달라고 구하십시오. 복음에 합당한 사람이 되게 해 달라고 간청하십시오.

인도의 어려움

"아직 한 번도 가정 예배를 드려보지 못했습니다."
"나는 가정 예배를 잘 인도하지 못합니다."

누구나 처음이 있습니다. 처음부터 잘하는 사람은 아무도 없습니다. 더욱이 가정 예배는 잘하는 것이 목표가 아닙니다. 모든 예배는 거룩함이 목표입니다. 서툴러도 됩니다. 실수해도 괜찮습니다. 하나님에 대한 참된 믿음과 뜨거운 신앙이 있으면 됩니다. 찬양할 때 확신과 기쁨으로 찬양하고, 겸손하고 솔직하게, 진실하게 기도하면 됩니다. 하나님의 말씀은 당당하게 전하면 됩니다. 그렇게 시간이 지나면서 각자의 방법이 생기고, 가정마다 모임의 특징이 생겨나게 됩니다.

누가 점수를 매기는 것도 아니고 비웃을 사람도 없습니다. 오히려 사랑하는 가족이 가정을 깊이 사랑하는 여러분을, 그래서 열심히 섬기는 여러분을 사랑스러운 눈길로 바라볼 것입니다. 여러분을 자랑스러워하고 존경할 것입니다.

무엇보다 하나님께서 기뻐하실 것을 생각해 보십시오. 하나님께서 이것을 원하십니다. 그러니 하나님만을 의지하며 은혜를 구하십시오.

주위에 가정 예배를 성실하게 드리는 가정과 연합하여 예배를 드리면서 배우고 도전받는 것도 좋은 방법입니다.

어린 아기가 혹 어떤 일로 크게 울면서 떼를 심하게 쓴다고 해도 예배를 드려야 합니다. 밥 먹기 싫다고 떼쓰고 우는 아이를 내버려 두지 않고 어떻게든 밥을 먹이듯이 말입니다. 처음 며칠은 좀 힘들 수 있겠지만 그렇게 하다 보면 아이는 결국 이 모임도 자신의 삶의 하나로 이해하게 됩니다. 그리고 좀 더 크면 알게 될 것입니다. 비교할 수 없는 믿음의 유산이었음을 말입니다.

변하지 않는 가족

가정 예배를 드린다고 해서 가정 구성원이 모두 자동적으로 영적 성장을 경험하지는 않습니다. 특히 아이들이 그렇습니다. 아이들은 잘 따를 수도 있고 그렇지 않을 수도 있습니다. 가정 예배를 드린다고 해서 꼭 더 거룩하거나 더 영적이거나 더 착하거나 더 순종적이거나 더 예배를 사랑한다거나 더 분명한 목표를 품고 산다거나 하지 않습니다.

그것은 한 사람의 영혼의 변화 즉 회심과 성화 등이 수단 자체에 달려 있지 않기 때문입니다. 진정성에 달려 있지 않기 때문입니다. 회심과 성화 등은 오로지 우리의 주와 구주이신 삼위일체 하나님께 달려 있는 일입니다. 따라서 우리는 기대를 갖고 가정 예배를 드려야 하지만 변하지 않는다고 너무 실망할 필요는 없습니다. 우리가 할 수 있는 일이 아니기 때문입니다.

우리가 할 수 없는 일이라면 아무것도 하지 말아야 할까요? 소망 없이 기계적으로 습관적으로 해야 할까요? 분명한 것은 하나님께서 이것을 명하셨다는 것입니다. 그리고 하나님께서 이것을 기뻐하신다는 것입니다. 그리고 하나님께서 기뻐하시는 이 가정 예배를 통해 하나님께서는 일하시기를 기뻐하신다는 것입니다. 그러니 당장 믿지 않는 가족에게 너무 많은 것을 바라서는 안 됩니다. 또 어느 정도의 절대 시간도 필요하기 때문입니다.

위선적인 모습 때문에

가정 예배를 드리는 것이 위선으로 느껴진다고 말하는 분들이 있습니다. 진짜 그렇다 하더라도 그 이유 때문에 이 의무를 저버릴 수는 없습니다. 그리고 오히려 그럴수록 더욱 하나님께 나아가야 합니다. 가족에게 자신의 위선에 대한 생각과 감정을 솔직하게 이야기하고 도움을 구하십시오. 함께 기도하십시오. 그러기 위해 가정 예배가 존재합니다. 부부가 싸웠거나 아이들에게 크게 화를 낸 경우도 마찬가지입니다.

아이들이 과연 알 수 있을까

어떤 사람들은 어린아이들이 성경과 교리들을 이해할 수 있을까 의심합니다. 그러면서 정작 많은 돈과 시간과 관심을 쏟으며 자신들의 자녀들이 영어를 비롯한 조기교육을 받게 합니다.

모든 부모는 아기가 뱃속에 있을 때부터 태교를 합니다. 아기가 태어나면 말과 행동으로 아기에게 부모의 마음을 표현합니다. 우는 것밖에 못하는 갓난아기에게 부모와 세상에 대해 끊임없이 말합니다. 아기는 그렇게 배워 갑니다.

그렇다면 신앙의 영역에서는 더욱 그렇게 해야 합니다. 아이들이 지금은 무슨 말인지 모르겠지만, 단지 앵무새처럼 따라하는 것 같아 보일 수 있지만, 아이들은 지금도 열심히 배우고 있으며, 그것이 아이들의 생각과 말과 행동을 형성해 갑니다.

가정 예배를 처음 시작하시는 분들께

이 책은 하나의 예시이자, 안내서입니다. 어떤 분께는 이 책이 여러 모로 부족해 보일 수 있겠지만, 많은 분께는 이 책이 너무 무겁게 느껴지실 수 있습니다. 매일이든 일주일에 한두 번이든 꾸준히 가정에서 예배한다는 것은 쉬운 일이 아닙니다. 하지만 그렇다고 불가능하거나 다른 일들을 모두 다 포기해야 한다거나 하는 일도 아닙니다. 오히려 가정 예배가 주는 유익들로 말미암아 우리는 다른 일들도 더욱 질서 있게, 더욱 힘 있게 할 수 있습니다. 또 시간이 지나면 가정 예배가 해야 하는 부담과 짐만이 아니라 하고 싶은 기쁨과 즐거움이 되어 갑니다. 물론 항상 기쁨과 즐거움으로 가정 예배를 할 수는 없을 것입니다. 그러나 가정 예배를 통해 온 가족이 진리와 믿음 안에서 하나가 되어 가고, 한 하나님을 연합하여 예배하며, 가정 예배가 주는 여러 유익을 점점 더 많이 누리게 되면 의무와 부담이 주는 무게는 점점 더 가벼워지고, 감사와 노래가 우리의 마음을 더 많이 채우게 될 것입니다.

가정 예배를 처음 시작하시는 분들, 또는 여러 이유로 시간이나 환경이 정말 어려우신 분들은 하실 수 있는 것부터 시작하시면 됩니다. 서로 잘 맞추면 일주일에 한 번은 모일 수 있는 시간을 만들 수 있습니다. 그리고 10-15분 정도의 시간을 내는 것도 아주 어려운 일이 아닙니다. 사도신경이나 대표기도로 시작하고, 찬송을 부르고, 말씀을 함께 읽고, 같이 기도한 후, 주기도문으로 마치는 것(더 간단하게도 할 수 있습니다.)은 시간적인 부담도, 모임 준비에 대한 부담도 거의 없습니다. 습관적이고 형식적으로 매일 모이는 것보다 일주일에 하루만이라도 시간을 정하고 꾸준히 지켜 나가면서 마음을 다해 예배하는 것이 훨씬 좋습니다.

저녁 시간에는 시간이 없고 오히려 아침 출근 전에 5분 정도라도 시간을 낼 수 있다면 다 함께 성경을 짧게 읽고 같이 기도하는 것만으로도 충분합니다. 5분이라는 시간은 결코 짧은 시간이 아닙니다.

회사 일로 가장이 평일에는 늦게 퇴근하는 환경에서 다른 구성원들은 저녁 시간에 충분히 모일 수 있는 경우 평일에는 어머니가 모임을 인도하고, 주말에는 아버지가 모임을 인도하는 것도 아주 좋습니다.

중요한 것은 시간을 정하고 꾸준히 지키는 것입니다. 사모하는 마음으로 매일 예배하는 것이 가장 좋겠지만, 상황이 그렇지 못한 경우에는 각 가정의 형편에 맞게 하면 됩니다. 매일 모이느냐, 일주일에 서너 번 모이느냐 또는 한 번 모이느냐보다 더 중요한 것은 모여서 무엇을 하느냐입니다. 왜 모여야 하는지, 왜 모이고 있는지 아는 것입니다. 다 같이 노력하는 것입니다. 그렇게 모일 수 있도록 사모하고 기도하는 것입니다. 하나님의 말씀이 가정을 다스리도록 하는 것입니다.

하나님께서는 기뻐하실 것입니다. 오직 나와 내 집은 여호와만 섬기겠다고 신앙고백하면서 가정 경건을 위해 힘쓰는 모든 사람에게 복 주실 것입니다. 몇 분을 예배하느냐, 일주일에 며칠이나 예배하느냐가 아니라 영과 진리로 예배하는 마음의 태도를 보시며 그런 가정을 기뻐하실 것입니다. 가족을 사랑하고 섬기는 마음을 보시고, 신자의 믿음의 행위를 보시고 즐거워하실 것입니다. 마음은 원이로되 육신이 연약한 자에게는 은혜를 베풀어 주실 것입니다. 구하는 자에게는 응답해 주실 것입니다. 하나님께서는 예배받으시기를 기뻐하시고, 신자의 행복은 예배에 있기 때문입니다. 하나님을 높이고, 하나님의 말씀이 바르고 마땅히 선포되는 모든 곳에 하나님의 영광이 드러나고 거기에 우리의 행복이 있기 때문입니다.

더 깊은 공부와 나눔을 위한 질문

1. 하루 중 나에게, 우리 가정에게 최우선 순위에 있는 것은 무엇입니까?

2. 본문 내용 중 각자에게 해당하는 가정과 상황을 파악한 후 어떻게 가정 예배를 드려야 할지 계획을 세워 봅시다.

3. 가정 예배나 개인 경건생활에서 여러 번 실패한 경험과 지속적으로 유지하고 있는 경험이 있다면 나눠 봅시다.

4. 연약한 부분들이 있다면 서로 격려해 주고 본받을 부분이 있다면 칭찬해 줍시다.

<5장 가정 예배에 대한 온갖 어려움과 태만에 대해>를 읽으면서 하나님께서 깨닫게 해 주신 것과 베풀어 주신 은혜를 생각하며 감사합시다. 또 깨달아 배우고 확신한 일에 거할 수 있게 해 달라고 기도합시다.

Family Worship

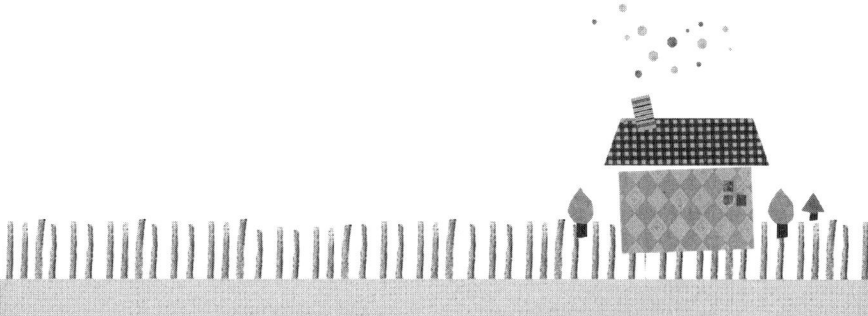

6장

가정 예배를 위한 준비

모든 신자는 하나님을 사랑하고 주의 말씀을 즐거워하기에 성경을 부지런히 읽고 열심히 공부합니다. 하나님을 사랑한다는 것은 곧 하나님의 말씀을 사랑하는 것이기 때문입니다. 그 말씀에 순종하는 것이기 때문입니다. 사랑하기에 알고 싶어하고, 순종하기 위해 더 알고 싶어하는 것입니다. 경건한 가장은 여기에 더하여 가족의 경건을 위해서도 더욱 성경을 사랑하여 부지런히 읽고 열심히 공부하고자 합니다. 단지 부지런히 읽기만 해서는 안 됩니다. 열심히 공부해야 합니다. 자녀들을 가르쳐야 하기 때문입니다. 성경에서 말하는 교훈을, 성경에 담긴 하나님의 뜻을 자녀들에게 잘 설명해서 자녀들이 잘 깨달아 알게끔 해야 합니다. 만약 가장이 가르치지 않는다면 자녀들은 다른 곳에서 배우거나 진리가 담겨야 할 자리를 다른 것으로 채울 것입니다.

설교 잘 듣기

잘 가르치기 위해서는 먼저 잘 배우는 사람이 되어야 합니다. 그리고 가장에게 가장 좋은 선생은 교회의 목회자입니다. 따라서 목회자를 잘 따르고 사랑해야 합니다. 목회자를 위해 기도해야 합니다.

가장은 주일 설교를 포함해 교회에서 선포되는 모든 말씀을 잘 듣고 소화해야 합니다. 또 교육도 잘 받아야 합니다. 그리고 잘 순종해야 합니다. 자신이 먼저 순종하는 자가 되어야 순종이 무엇인지 알 수 있고, 자녀들에게 순종을 가르칠 수 있기 때문입니다. 그리고 순종이야말로 우리가 참된 지식을 소유할 수 있게 해 주기 때문입니다.

이렇게 가장은 설교를 통해 기본적으로 성경을 이해하고 적용하는 법을 배웁니다. 하나님은 누구시며, 어떻게 일하시는지를, 이 일들과 말씀들의 의미가 무엇인지를 배우게 됩니다. 특히 강해 설교를 통해서는 성경을 보는 전체적인 안목과 구속사적 관점을 더욱 잘 배울 수 있습니다. 주제 설교를 통해서는 어떤 한 주제에 대한 성경의 조화와 균형 등을 배울 수 있습니다.

또 교회에서 가르치는 신앙고백이나 교리문답과 같은 교리공부를 통해 성경의 핵심 진리를 배우게 됩니다.

설교를 통해 성경을 보는 눈이 뜨이고, 교리 공부를 통해 성경 전체의 진리를 요약해서 정리할 수 있게 되면 가장은 가정에서 가정 예배를 인도할 때나 가족들과 자유롭게 성경에 대해 이야기할 때 권위를 갖고, 담대하게, 큰 확신으로 이야기할 수 있습니다.

고전 읽기

아주 좋은 또 하나의 스승은 바로 위대한 신앙의 선배들입니다. 그분들은 고전이라 불리는 탁월한 작품들을 많이 남겼습니다. 위대한 신앙의 선배들의 책들을 통해 우리는 시간의 시험을 이겨 내고 오늘날에도 여전히 가치가 있는 깊고 풍성한 신앙 지식들을 체계적이면서도 실천적으로 배웁니다. 또 위대한 신앙의 선배들의 신앙과 삶은 우리에게 큰 귀감이 됩니다.

위대한 신앙의 선배들의 책을 주기적으로 읽는 것은 가장에게뿐 아니라 모든 사람에게 아주 유익한 일입니다.

가장은 자녀들과 전기를 함께 읽으면서 자녀들을 도전하고 도울 수 있습니다. 본이 되는 사람들의 삶과 역사는 우리의 의지를 일깨워 주고 우리를 지혜롭게 합니다. 자녀들이 어느 정도 성장했다면 어렵지 않게 읽을 수 있는 고전 작품들을 한 달에 한 권 정도씩 함께 읽어 나가는 것도 좋은 방법입니다.

개인 공부

학교에서 아무리 좋은 수업을 들어도 노트에 정리하지 않고 복습하지 않는다면 수업을 들을 때는 뭔가 알게 된 것 같고 머릿속에서 정리된 것 같지만 남는 게 없게 됩니다. 그래서 사람마다 자신만의 방법으로 노트 정리를 합니다. 그리고 자신의 지식이 될 때까지 복습을 합니다. 그래야 노트가 없어도 배운 지식에 대해 언제 어디서나 정확하고 자세하고 쉽게 설명할 수 있게 됩니다. 우리 자신만 알 수 있는 수준의 이해가 아니라 다른 사람들에게 충분하고도 쉽게 설명하여 알게 할 수 있는 이해를 말하는 것입니다.

성경도 마찬가지입니다. 많은 사람이 주일에 집에 돌아가는 길에 그날 설교 본문을 기억 못합니다. 다음날에는 내용조차도 기억나지 않는 경우가 대다수입니다. 좋은 설교를 많이 들어도 그때뿐인 것은, 좋은 책을 읽어도 그때뿐인 것은 그것을 우리의 것으로 만드는 과정이 거의 없기 때문입니다.

우리 선조들은 주일 설교를 주중에 계속 묵상했습니다. 따로 공부하고 서로 확인해 주었습니다. 그것이 우리 선조들의 믿음을 단단하고 장성하게 해 주었습니다.

따라서 모든 신자에게 그러하지만 가장에게는 더욱더 중요한 것이 개인 성경 공부입니다.

교리 공부

교리 공부는 성경 공부와 함께 하는 것이 가장 좋습니다. 그러나 기독교 진리에 대해 잘 모르는 사람은 교리 공부부터 먼저 하는 것이 좋습니다. 교리는 성경의 핵심 진리가 무엇인지를 잘 정리한 것이기 때문입니다.

교리는 말 그대로 성경의 진리여서 아무도 교리 없이 믿음을 갖거나 이해할 수 없기 때문입니다. 예외는 없습니다.

기독교 신앙에 입문하는 모든 사람은 항상 교리부터 배웁니다. 하나님은 누구시며 어떤 일을 하시는지, 또 예수님은, 또 성령님은 어떠신지 등부터 시작해 성경의 영감과 권위, 인간의 상태와 죄, 믿음과 구원, 교회와 이 세상의 마지막 일 등에 대한 것들을 간단하게라도 먼저 배우는 것입니다.

우리가 믿는 한 분 하나님이 삼위로 계시다는 교리를 배우지 않고 신앙생활을 하는 사람은 아무도 없습니다. 삼위일체에 대한 교리 없이 성경만을 본다면 어떤 혼란이 올지 상상해 보십시오. 또 우리의 주와 구주이신 예수님이 참 신이시자 참 인간이신데, 왜 그래야만 하는지에 대한 이해 없이 우리의 죄와 구원을 이해하는 것도 불가능합니다.

따라서 교리에 대한 지식과 이해가 약한 분들은 성경 통독을 꾸준히 하시면서 『웨스트민스터 신앙고백』, 『웨스트민스터 대교리문답』, 『웨스트민스터 소교리문답』, 『하이델베르크 교리문답』 등으로 충분히 공부하시기를 바랍니다.

어느 정도 교리 공부를 하신 분들은 성경 공부도 함께 하시기를 바랍니다.

조금 앞서 책 읽기 부분 그리고 여기 교리 공부와 관련하여 좋은 책들이 많습니다. 특별히 『독서 모임 "대답은 있다" 이야기』 3부도 독자 여러분을 도와드릴 수 있습니다.

성경 공부

성경 공부는 교리에 대한 기본적인 이해를 바탕으로 성경 해석에 대한 기본적인 지식을 갖추고 해야 합니다. 성경 해석과 성경 연구에 대한 좋은 입문서를 몇 권 공부한다면 좋을 것입니다. 그런데 만약 교회에서 강해 설교를 하고 있다면 강해 설교를 통해 어느 정도는 성경 해석과 연구에 대한 기초 지식을 배울 수 있습니다. 앞서 잠깐 언급했듯이 좋은 강해 설교는 성경을 보는 전체적인 안목과 구속사적 관점을 배울 수 있게 해 주기 때문입니다.

혹 자신이 성경을 공부하고 싶은데 기초가 너무 없다고 생각하시는 분들은 목회자를 찾아가서 가르쳐 달라고 하십시오. 목회자는 교회와 개인의 형편에 따라 교육 프로그램을 만들든지 좋은 책을 추천해 줄 것입니다.

이제 다양한 번역본과 성경 사전, 공부하고자 하는 본문에 대한 좋은 주석서와 강해서 몇 권을 준비한 후 본격적으로 공부합니다.

일주일 동안 한 단락의 본문을 공부하기

3장에서 가정 예배 순서와 방법을 말하면서 "요일별 구체적인 방법"(67쪽)에 대해 말씀드린 것을 기억하실 것입니다. 그 방법을 따라 여기서는 토요일에 집중해서 공부하는 것을 전제로 말씀드리겠습니다.

교회에서 강해 설교를 하고 있다면 더욱 좋은데, 만약 주일 설교가 로마서 1장 1절부터 7절까지였다면 오는 주일 설교 본문은 8절부터 17절이 될 것으로 예상할 수 있습니다(부끄럽지만 제가 하는 방법을 바탕으로 말씀드리겠습니다).

필요에 따라 성경 사전 등을 참고할 수 있겠지만 월요일부터 수요일까지는 주로 성경만 읽습니다. 이때 한 가지 성경만 보지 않고 가능하면 여러 번역본을 함께 읽습니다(우리 대부분은 전문적으로 신학 훈련을 받지 않았고 그래서 히브리어와 헬라어 원문으로 공부할 수는 없지만 여러 번역본을 비교하며 읽고, 권위 있는 좋은 주석서를 참고해서 공부하면 나름 충분한 공부를 할 수 있습니다).

읽는 방법에 대한 예는 다음과 같습니다.

월요일 아침에 개역성경으로 해당 본문을 여러 번 읽습니다. 그냥 쭉 읽고 끝내지 말고 우리가 수신자라는 생각으로 천천히 읽으며 내용의 의미를 생각해 봅니다. 5분이면 충분합니다. 점심 전후나 오후에 잠깐 짬을 내어 역시 5분 정도 천천히 여러 번 읽으며 생각합니다. 퇴근할 때나 집에 도착해서 또 5분 정도를 그렇게 합니다. 밤에 잠자기 전에도 잠깐 시간을 내어 그렇게 합니다. 같은 본문을 여러 번 보는 것이 좀 지겹거나 형식적이 되는 것 같을 때면 언제라도 다른 번역본으로 바꾸어도 됩니다(저는 개역개정성경을 기본으로 바른성경, 개역한글, 새번역, RSB[Reformation Study Bible], NIV[New International Version] 등을 비교하며 읽습니다).

본문에 많이 익숙해진 화요일부터 수요일까지는 번역본을 자주 바꾸면서 해석과 정리를 시작합니다. 물론 시간 사용은 월요일과 비슷합니다. 틈틈이 짬을 내고 틈틈이 정리합니다. 생각이 막 떠오르는 경우는 한 구절로 10분 이상 정리하기도 합니다. 그리고 수요일 저녁쯤에 지금까지 써 놓은 생각의 조각들을 서로 묶으며 정리합니다. 여러 번역본을 서로 비교하면서 읽기만 해도 깨닫게 되는 일이 많습니다. 또 글은 쓰다 보면 써집니다. 이때 작은 것이라도 생각나는 것들을 계속해서 필기하고 정리하려고 하는 것이 중요합니다. 우리는 너무 뻔한 것이라고 생각하는 것은 이야기하지 않으려 하는데, 언제나 가장 기본적인 것은 가장 단순하고 가장 잘 알려진 것 안에 있기 때문입니다.

목요일부터는 퇴근하기 전까지는 이전과 같은 방법으로 성경을 읽되 저녁이나 밤에는 좋은 주석서나 강해서 등을 통해 보충하며 배웁니다. 내용이 쉬우면서도 경건을 함양하게 해 주는 존 칼빈의 주석과 매튜 헨리Matthew Henry의 주석이 아주 좋습니다.

그리고 토요일에는 지금까지 공부한 것들을 집중해서 체계적으로 정리합니다.

토요일에 1-2시간을 할애하는 것을 빼고는 주중에 시간 내는 것이 결코 어렵지 않습니다. 출퇴근 시간을 잘 이용하면 되고, 정말 틈틈이 하면 되기 때문입니다. 저는 휴대폰 메모장에 해당 말씀을 넣어서 수시로 꺼내서 봅니다. 화장실에 갈 때도 잘 활용합니다. 밤에 잠자기 전에도 한두 번 말씀을 읽은 후 눈을 감고 계속 생각합니다. 피로로 금방 잠들 때가 많지만 잠이 잘 오지 않는 때는 쓸데없는 고민이나 공상에 빠지지 않고 말씀 묵상을 하다가 잠들게 되니 참 좋습니다. 그렇게 종일 틈날 때마다 말씀을 읽으며 묵상하면, 흔한 경험은 아니지만 꿈에 그 말씀이 나올 때도 있습니다. 말씀을 읽는 자신을 발견하는 것입니다.

이렇게 공부한 것은 주일 설교를 통해 어떤 내용은 더욱 확신하게 되거나, 어떤 내용은 교정받게 되거나, 어떤 내용은 더욱 풍부하게 보충을 받게 됩니다.

이렇게 공부할 때 당연히 가장 중요한 것은 하나님을 전적으로 의지하고 기도하는 것입니다. 성경 공부를 하는 목적이 우리 자신의 지식을 채우는 것이 아니라 하나님을 알고 사랑하는 데 있음을 기억하고, 성경의 저자이신 성령이 아니시면 아무리 좋은 설교를 듣고, 아무리 좋은 책으로 공부를 한다 할지라도 참된 지식을 배울 수 없음도 기억하며 성령께서 지혜를 주시고 믿음을 주시기를 간절히 기도하며 공부해야 합니다.

개인 성경 공부 예

다음은 앞에서 설명드린 대로 월요일부터 수요일까지 주로 성경만을 보고 정리한 것의 예입니다. 수요일까지 한 공부와 묵상들을 정리한 것이기에 체계적이지 않고 수정하고 보충해야 할 부분이 적지 않지만 아무라도 할 수 있다는 것을 보여 드리고 싶어 여기에 옮겨 봅니다.

로마서 1:1-7

[1]예수 그리스도의 종 바울은 사도로 부르심을 받아 하나님의 복음을 위하여 택정함을 입었으니 [2]이 복음은 하나님이 선지자들을 통하여 그의 아들에 관하여 성경에 미리 약속하신 것이라 [3]그의 아들에 관하여 말하면 육신으로는 다윗의 혈통으로 나셨고 [4]성결의 영으로는 죽은 자들 가운데서 부활하사 능력으로 하나님의 아들로 선포되셨으니 곧 우리 주 예수 그리스도시니라 [5]그로 말미암아 우리가 은혜와 사도의 직분을 받아 그의 이름을 위하여 모든 이방인 중에서 믿어 순종하게 하나니 [6]너희도 그들 중에서 예수 그리스도의 것으로 부르심을 받은 자니라 [7]로마에서 하나님의 사랑하심을 받고 성도로 부르심을 받은 모든 자에게 하나님 우리 아버지와 주 예수 그리스도로부터 은혜와 평강이 있기를 원하노라

- 1절과 6절, 7절에서 눈에 띄는 것은 부르심을 받았다는 것이다

이것은 로마서 전체의 주제와 깊은 관련이 있다. 1절에서 바울이 사도로 부르심을 "받은" 것은 하나님의 복음을 위하여 따로 세우심을 입은 것과 연관이 있다. 6절에서 로마 교회에 있는 사람들은 모두 예수 그리스도의 이름을 위하여, 믿어 순종하게 하는 목적의 결과가 되기 위해 부르심을 "받았다." 7절도 같다. 로마 교회는 하나님의 사랑하심을 "받고", 성도로 부르심을 "받은" 사람들이다. 이들에게 기원한 것이 하나님 우리 아버지와 주 예수 그리스도로부터 오는 은혜와 평강이기 때문에 이것은 그들이 부르심을 받은 목적이 된다. 즉 하나님 우리 아버지와 주 예수 그리스도로부터 오는 은혜와 평강이 그들에게 있기 위해 하나님의 사랑하심을 받고, 성도로 부르심을 받은 것이다. 모두가 수동임을 알 수 있다. 부르심은 우리가 선택한 것이 아니라, 우리 마음에서 먼저 진행된 일이 아니라 하나님께서 하신 일이 우리 안에서 이루어진 것이다.

사도 바울이 부르심을 받았다는 의미와 로마 교회가 부르심을 받았다는 의미상의 차이는 약간 존재하지만(그리고 분명히 구분해서 사용해야 한다), 이 부르심이 하나님으로부터 비롯되었고, 그것의 목적은 4절, 5절, 7절에서 보여 주는 것처럼, 예수 그리스도가 성결의 영으로 죽은 자들 가운데서 부활하사 능력으로 하나님의 아들로 선포되셨다는 놀랍고 위대한 사실로 위로받고 기뻐하고, 찬양하며 높이는 것, 그의 이름을 위한다는 것, 그리고 성도들의 유익(우

리 아버지와 주 예수 그리스도로부터 은혜와 평강이 있기를)이다.

즉 두 가지로 말하자면 하나님의 영광과 교회의 행복이다. 따라서 부르심을 입은 자들은 복이 있다. 성도로 부르심을 입은 자들, 하나님의 사랑을 입은 자들은 하나님의 영광과 교회의 행복을 맛본다. 누린다. 그것을 안다. 얼마나 달콤한가!

- 믿어 순종하게 하나니

결국 하나님의 영광이라는 복음의 최고의 목적 아래 있는 복음의 직접적이며 결과적인 종속적 목적은 믿어 순종하는 것이다. 복음은 죄인들로 하여금 주 예수 그리스도를 믿어 순종하게 하기 위한 것이다. 그러나 다시 한 번 언급하지만 이것은 복음의 최고의 목적인 "그의 이름을 위하"는 것, 즉 높이고 존귀하게 하고 찬양하는 것을 위한 것이다.

- 바울 같은 사람이 하나님의 복음을 위하여 구별되어 예수 그리스도의 종이 되었고, 사도로 부르심을 받았다

바울은 기독교의 최대 적대자 중 하나였고, 철저한 유대주의자였다. 자기 의를 추구한 사람이었다. 그러나 그런 사람도 하나님의 복음을 위하여 하나님께서 구별하셨고, 사도로 부르셨다.

수신자들은 첫 문장을 보면서 하나님의 크신 은혜와 자비를 생각했을 것이다. 아주 큰 적대자 중 한 명인 바울이 자신을 이제 예수

그리스도의 종(그리스도에게 완전히 헌신하고 자기의 생명과 재산 즉 모든 것이 완전히 귀속된)으로 소개하면서, 이는 전적으로 하나님의 부르심 때문이라는 신앙고백으로 인사를 하는데, 수신자들은 이 부분을 감동적으로 읽고 하나님을 찬양했을지도 모르겠다.

- 하나님의 복음은 그의 아들에 대한 것인데
그의 아들에 대한 것은 성경에 미리 약속하신 것이기 때문에 우리는 그의 아들에 대한 것 즉 복음을 오직 성경을 통해서만 알 수 있다. 또한 복음은 갑자기 새롭게 등장한 것이 아니다. 복음은 선지자들을 통해 구약 시대부터 신약 시대까지 점진적으로 계시되어 왔다.

그렇다! 복음은 결코 시대의 필요나 사람들이 인위적으로 만들어 낸 그 무엇이 아니다. 사도들이 만들어 낸 것도 아니다! 이것은 하나님께서 자신의 기쁘신 뜻을 따라 창세부터 자신의 이름을 위하여 보이시고 이루어 오신, 이루신, 이루실 하나님의 뜻이요, 은혜요, 사역이요, 영광이다!

여기서 또 알 수 있는 것은 복음이 가리키는 것이 바로 그의 아들 즉 주 예수 그리스도라는 것이다. 복음의 주제는 "우리 주 예수 그리스도"다. 사도 바울은 예수님에 대한 호칭을 상세히, 정확하게 쓰고 있다. 예수님은 "우리의 주"시다. "우리의 창조주"시다. "주인"이시다. 그리고 ("예수"라는 말은 하나님께서 구원하신다는 뜻으로 여기서는 고유명사[이름]로 사용하는 것 같다.) 그분은 "우리의 그리스도"시다. "우리의 구원자"시다. 예수님은 우리의 주와 구주가 되신다. 이것은 성경 특히 서신서 전체에서 분명히 확인할 수 있다. 그분은 주만도 아니시고, 구주만도 아니시다. 그분은 우리의 주와 구주가 되신다.

또한 여기서 중요한 것은 "우리의"라는 것이다. 그분은 믿는 자들의 주와 구주시다. 즉 예수님은 믿지 않는 자들, 부르심을 받지 않은 자들, 멸망하는 자들과는 아무 관계도 없으시다. 예수님은 그들의 주와 구주가 아니시며, 되실 수도 없다. 예수님은 "우리의 주와 구주"시다.

복음이 가리키는 것이 예수님이라면, 복음의 주제가 예수님이라면, 복음을 안다는 것은 예수님을 안다는 것이다. 예수님이 누구신지, 어떤 일을 행하셨는지, 우리에게 무엇을 말씀하셨는지를 아는 것이 복음을 아는 것이다.

그런데 위에서 말한 것처럼 이 복음은 성경 안에만 계시되어 있으므로, 우리는 성경이 말하는 예수님을 알고 믿어야 한다. 성경이 말하지 않는 것은 예수님께 속한 것이 아니며, 그것은 복음과 아무 관계가 없다.

또한 복음이 그의 아들에 대한 것이고, 이것이 성경에 기록된 것이라면, 우리는 성경을 볼 때, 복음을 볼 때 항상 예수 그리스도를 떠올리고, 예수 그리스도와 연관지어 생각해야 한다. 왜냐하면 복음은 정확히 하나님의 아들의 복음이기 때문이다. 따라서 그리스도와 관계가 없는 것은 복음이 아니며, 그리스도가 아닌 다른 것을 바라보게 하는 것은 그만큼 복음에서 멀어지는 것이다.

복음을 보여 주는 것이 성경이라면, 신자는 당연히 성경을 잘 알아야 하고, 불신자에게 복음을 전할 때는 성경이 가르치는 바를 가르쳐야 한다. 사도들은 복음을 전할 때 성경을 가지고, 성경 안에서, 성경이 말하는 바를 전했다. 우리도 복음을 전할 때 다른 잡다한 것들이 아니라 바로 성경이 가르치는 바, 예수 그리스도에 대한 모든 것을 가르쳐야 한다.

- 하나님의 통치와 역사의 범위

하나님의 통치와 역사는 모든 곳에서 존재하고 이루어짐을 확인할 수 있다. 예수 그리스도로 말미암아 은혜와 사도의 직분을 받은 바울이 그의 이름을 위해 모든 이방인 중에서 사역하는 것은, 하나님께서 모든 이방인 가운데서 예수 그리스도의 것으로 부르심을 받은 자들을 택하시는 것은 하나님의 통치와 역사의 범위가 제한적이지 않음을 보여 준다.

- 그리스도인은 누구인가

예수 그리스도의 것으로 부르심을 받은 자, 하나님의 사랑하심을 받은 자. 그리스도인은 예수 그리스도의 것이며, 하나님의 사랑을 입은 자다.

- 삼위 하나님은 모든 선한 것의 원천

은혜와 평강은 오직 하나님 우리 아버지와 주 예수 그리스도에게서만 나온다. 다른 곳에서는 참된 은혜와 평강을 구할 수 없다. 삼위 하나님만이 모든 좋은 것의 원천이 되신다.

- 3절과 4절에 대한 부분은 더 공부할 것.

자, 여러분도 충분히 하실 수 있겠죠?

이제 이렇게 공부한 내용을 칼빈 주석이나 매튜 헨리 주석과 같은 좋은 주석서와 강해 설교집 등의 도움을 받아 수정하고 보완하면서 좀 더 다듬으면 됩니다. 물론 더 좋은 것은 학문과 경건을 갖춘 좋은 목회자에게 직접 배우는 것입니다. 강해 설교가 진행되어 주일 설교 본문과 개인 성경 공부 본문이 같다면 주일 설교를 잘 듣는 것 자체가 큰 배움이 됩니다. 또는 목회자와 다른 성도들과 함께 그룹으로 성경 공부를 할 수도 있겠고, 개인적으로 목회자를 방문하거나 목회자에게 이메일 등을 보내 배움을 요청할 수도 있을 것입니다.

귀찮게 느껴질 수 있고, 또 별것 아닌 것 같아 보이지만 이렇게 하루하루, 한 주 한 주 꾸준히 공부하면 말씀에 대한 넓은 안목과 깊은 지식이 생깁니다.

초신자 분들은 처음부터 너무 많은 계획과 꿈을 갖고 감당하기 어려운 부담으로 며칠 해 보고 나서 포기하시지 말고, 주위의 조언이나 도움을 받아 하나씩 해 보시기 바랍니다. 성경 해석 등 성경 공부 자체에 경험이 많지 않을 때는 교회 교육에 참여하며 기초 교리를 공부하고 성경 전체를 큰 틀 안에서 이해하는 법 등을 배우는 것이 좋습니다. 그리고 나서 주석이나 설교집을 성경 본문과 같이 보면 어렵지 않게 성경을 보는 눈이 생깁니다. 주위에 지식과 인격 면에서 본이 되는 신앙 선배들이 있다면 그분들과 함께 공부하는 것도 아주 좋은 방법입니다.

성경을 꾸준히 공부하기가 어려운 분들도 시간 내기가 충분하지 않다는 이유로 아예 아무것도 하지 않기로 작정하지 마시고 각자 형편에 따라 할 수 있는 것부터 조금씩 해 나가기 시작해 보십시오.

우리 부모님들이 하나님을 사랑하여 말씀을 꾸준히 읽고 묵상하며 우리에게 즐겁게 하나님의 말씀을 꾸준히 가르쳐 준 것은 오늘 우리에게 다른 어떤 것과도 비교할 수 없는 큰 보물입니다. 오늘 우리도 하나님을 사랑하여 꾸준히 하나님의 말씀을 읽고 묵상하며 순종한다면 우리의 자녀들도 분명히 다음과 같은 고백을 할 것입니다.

나의 사랑하는 책 (새찬송가 199장)

1. 나의 사랑하는 책 비록 해어졌으나 어머니의 무릎 위에 앉아서
   재미있게 듣던 말 그때 일을 지금도 내가 잊지 않고 기억합니다

2. 옛날 용맹스럽던 다니엘의 경험과 유대 임금 다윗 왕의 역사와
   주의 선지 엘리야 바람 타고 하늘에 올라가던 일을 기억합니다

3. 예수 세상 계실 때 많은 고난 당하고 십자가에 달려 죽임 당한 일
   어머니가 읽으며 눈물 많이 흘린 것 지금까지 내가 기억합니다

4. 그때 일은 지나고 나의 눈에 환하오 어머니의 말씀 기억하면서
   나도 시시 때때로 성경 말씀 읽으며 주의 뜻을 따라 살려 합니다

(후렴) 귀하고 귀하다 우리 어머니가 들려주시던
   재미있게 듣던 말 이 책 중에 있으니 이 성경 심히 사랑합니다

정말 감동적인 시입니다. 1절에서 시인은 과거를 회상합니다. 오랜 시간 많이 봐서 낡고 해어진 사랑하는 성경책을 보며 시인은 옛날 자신의 어머니가 성경책을 참 사랑하여 기쁨으로 하나님의 말씀을 자신에게 들려주셨던 것을 기억합니다.

다니엘과 다윗, 엘리야로 대표되는 2절은 구약에 대한 이야기고, 예수님을 언급하는 3절은 신약에 대한 이야기입니다. 시인이 신구약 전체를 잘 기억할 뿐만 아니라, 분명하게 언급되진 않았지만 시 전체 문맥을 고려했을 때 성경 말씀이 가리키는 그 의미까지도 잘 알고 있는 것은 디모데가 가정에서 부모에게 잘 배운 것을 생각나게 합니다. 시인의 어머니는 시인에게 성경 전체를 들려주고 가르쳐 준 것입니다. 특히 시인은 어머니가 성경을 읽으며 눈물을 많이 흘린 모습을 지금까지 기억하고 있다고 말하고 있습니다.

시인은 4절에서 어머니가 들려주시던 성경 말씀을 기억하면서 이제 자신도 어머니처럼 시시때때로 성경 말씀을 읽으며 주의 뜻을 따라 살고 싶다고 노래합니다. 그리고 자신도 이 성경을 심히 사랑한다고 고백합니다.

부모는 자녀에게 성경 전체를 즐거이 가르치고 들려주었으며, 자녀는 부모가 성경을 참으로 귀하게 여기고, 성경에 순종하고, 무엇보다 하나님을 깊고 뜨겁게 사랑하는 모습을 보았습니다. 그리고 이제 그 자녀는 자신의 부모가 자신에게 그러했던 것처럼 자신 또한 그렇게 살기 원합니다. 자기의 자녀들에게 가르쳐 주고 들려주기를 원합니다.

이것이 바로 하나님께서 의도하신 가정입니다.
이것이 바로 우리가 모두 꿈꾸고 만들어 가야 할 가정입니다.

이것이 바로 하나님께서 기뻐하시는 가정입니다.
이것이 바로 신자의 가정입니다!

더 깊은 공부와 나눔을 위한 질문

1. "설교 잘 듣기" 부분을 읽고 나눈 후 바로 실천해 봅시다. 다음 모임 때 실천해 본 내용을 나눕시다.

2. "고전 읽기" 부분을 읽고 나눈 후 바로 실천해 봅시다. 다음 모임 때 실천해 본 내용을 나눕시다.

3. "개인 공부" 부분을 읽고 나눈 후 바로 실천해 봅시다. 다음 모임 때 실천해 본 내용을 나눕시다.

4. "교리 공부" 부분을 읽고 나눈 후 바로 실천해 봅시다. 다음 모임 때 실천해 본 내용을 나눕시다.

5. "성경 공부" 부분을 읽고 나눈 후 바로 실천해 봅시다. 다음 모임 때 실천해 본 내용을 나눕시다.

6. "일주일 동안 한 단락의 본문을 공부하기" 부분을 읽고 나눈 후 바로 실천해 봅시다. 다음 모임 때 실천해 본 내용을 나눕시다.

7. 『독서 모임 "대답은 있다" 이야기』 "3부 더 나은 독서를 위한 독서법"을 읽고 나눠 봅시다.

<6장 가정 예배를 위한 준비>를 읽으면서 하나님께서 깨닫게 해 주신 것과 베풀어 주신 은혜를 생각하며 감사합시다. 또 깨달아 배우고 확신한 일에 거할 수 있게 해 달라고 기도합시다.

| 글을 닫으며 |

이 책은 가정 경건생활에 대한 입문서입니다. 이 책을 읽으신 분들은 가정 예배나 자녀 양육에 대한 더 좋은 책들을 찾아 읽어 보시기 바랍니다. 그중 몇 권을 추천해 드리니 참고하시면 좋을 것입니다.

- 제임스 제인웨이, 코튼 매더, 『아이들의 회심 이야기』

『아이들의 회심 이야기』는 제가 주위 사람들에게 자주 선물하거나 반드시 소장해서 여러 번 읽어 보기를 권하는 책입니다. 오늘날 우리뿐만 아니라 당시 사람들에게도 좀처럼 믿기 어려울 정도로 아이들의 회심에 대한 놀라운 이야기가 담겨 있습니다. 이 책은 아이들의 회심 과정과 그 이후 변화된 삶에 대한 이야기를 통해 부모가 자녀들의 회심을 위해 어떻게 해야 하는지 가르쳐 주고, 간절히 소망하고, 기도하게 합니다.

- 조엘 비키Joel R. Beeke, 『가정 예배』Family Worship(고려서원 역간)
- 제임스 알렉산더James W. Alexander, 『가정 예배는 복의 근원입니다』 Thoughts on Family Worship(미션월드 역간)

두 책은 제목에서 알 수 있는 것처럼 가정 예배에 대한 책입니다. 저는 결혼 전에 두 책을 읽으면서 도전을 아주 많이 받았습니다.

조엘 비키의 책은 얇으면서도 가정 예배의 신학적 근거와 중요성 그리고 그 유익과 실천 방법 등 중요한 내용들을 짜임새 있게 잘 다룹니다. 특히 이 책은 스코틀랜드 가정 예배 모범이 실려 있는 것이 특징입니다. 우리 조국교회에도 이런 예배 모범들이 많이 알려지고 사용되었으면 좋겠습니다.

제임스 알렉산더의 책은 훨씬 풍부하고 감동적입니다. 이 책은 가정 예배에 대한 갖가지 주제를 다루는 데 내용이 실천적입니다. 저는 3-4년 전 이 책을 처음 읽을 때 거의 매 페이지에 줄을 치면서 읽었습니다. 독자 여러분께도 아주 많은 유익을 드릴 것입니다.

『가정 예배, 신자의 요람 믿음의 유산』은 주로 가정에 자녀들이 있다는 가정하에 썼습니다. 아직 자녀가 없으신 가정들은 이해와 양해를 부탁드립니다. 되도록 어떤 가정에서도 고민해 보고 적용해 볼 수 있게끔 썼으니 각 가정의 형편에 따라 참고하시면 되겠습니다.

또한 이 책은 아직 가정 예배의 유익을 누리지 못하는 가정들을 조금이라도 실제적으로 돕고자 그리고 궁극적으로는 교회를 더욱 건강하게 세우고자 하는 마음으로 썼습니다. 결코 멍에를 드리기 위해 쓴 것이 아닙니다.

무엇보다 이 책은 저와 저희 가정을 위한 책입니다. 저희도 현재 노력하고 있습니다. 독자 여러분과 같이 노력하고 싶어서 책으로 펴 내게 되었습니다.

하루에도 몇 번씩 아내와 아이들을 생각하며 가슴 아파합니다. 저를 만난 것이 그들에게 불행이 되지 않도록 가장의 의무를 다하고 싶은데 저 자신은 너무나 부족하기 때문입니다. 제 악한 마음이 저를 교만하고 게으르게 할 때가 너무 많기 때문입니다. 그래서 주님만을 의지해야 함을 늘 깨닫습니다. 그래서 제게는 아내와 아이들이 필요합니다. 그리고 제 소중한 부모님도 여전히 필요합니다.

우리가 죽었을 때, 우리 자녀들이 우리를 기억할 때 무엇을 기억할까요? 무엇에 대해 감사하게 해야 할까요? 조엘 비키는 부모님의 결혼 50주년 기념일을 앞두고 형제들이 서로 이야기하지 말고 부모님께 가장 감사한 것 한 가지씩을 적어 오자고 했답니다. 이후 놀랍게도 모두가 똑같은 이야기를 했는데, 그것은 어머니의 기도와 아버지의 가정 예배 인도에 대한 감사였다고 합니다.

아무쪼록 이 책이 가정 경건생활에 대한 우리의 꿈을 현실로 만들어 주고, 우리의 두려움을 제거해 주고, 우리의 망설임을 결단하게 하고, 우리의 비겁함을 용기 있게 해 주기를 원합니다. 그래서 가정 예배를 통해 맛볼 수 있는 신앙의 모든 탁월하고 영광스러운 유익을 누리는 데 큰 도움이 되었으면 좋겠습니다.

| 감사하는 글 |

기쁨으로 추천사를 써 주신 임경근 목사님께 감사드립니다. 임경근 목사님께서는 잃어버린 보물인 가정 예배의 중요성과 유익을 오래전부터 누구보다도 잘 아시고 실천하시는 분입니다. 목사님과 윤혜숙 사모님께서는 가정 예배를 회복시키고자 여러 방면에서 섬기고 계시는데, 그것을 위해 2009년에 『두란노 이야기 성경』(두란노 역간)을 사모님께서 번역하셨습니다. 또 두 분은 가정 예배 카페(http://cafe.daum.net/family-worship)를 운영하시면서 가정 예배에 관심 있는 분들과 도움이 필요한 분들을 많이 돕고 계시며, 여러 교회와 기관에서 가정 예배와 기독교 교육에 대한 강의를 해 오고 계십니다.

김동환 집사님, 김병재 집사님, 서자선 집사님 그리고 소중한 친구 한 명이 원고를 먼저 읽고 여러 도움과 격려를 주셨습니다. 특히 김동환 집사님과 신재원 집사님은 자신들이 하고 있는 가정 예배를 사례로 보여 주심으로 도전해 주시고 이 책의 부족한 부분들을 많이 채워 주셨습니다.

서금옥 편집장님과 안소영 디자이너는 이번에도 제 글을 가장 합당하고 아름답게 만들어 주셨습니다. 자랑스러운 두 분이 계셔서 감사하고 행복합니다. 혹 두 분의 섬김과 애정 어린 편집 작업에도 나타나는 오류나 부족한 부분은 모두 제 부족함 때문입니다.

아내도 원고를 몇 번 읽으며 제가 기억하지 못하거나 잘못 기억하거나 혹 위선적으로 쓴 내용은 없는지를 검토해 주었습니다. 무엇보다 아내의 격려는 제게 가장 큰 용기를 주었습니다.

사랑하는 아내와 사랑스러운 하영이, 민하와 함께 가정 예배를 드리는 저는 아주 행복한 사람입니다.

누구보다 아버지, 어머니께 감사드립니다. 두 분의 사랑과 섬김을 통해 가정 예배는 제게 신자의 요람이 되었습니다. 그리고 제게 주신 이 귀한 유산이 지금 저희 가정을 다시 신자의 요람으로 만들어 가고 있습니다.

두 분은 가정 예배를 드려야 하는 이유나 유익의 신학적 근거를 장황하게 제시하시며 말씀하신 적은 없지만 당신들의 삶으로 늘 말씀하셨습니다. 가정 예배야말로 그리스도인 가정을 가장 행복하게 해 주며, 가정의 존재 이유를 말해 준다는 것을 말입니다. 저도 그렇게 할 수 있다면 정말 좋겠습니다.

두 분과 함께 가정 예배를 드리던 때를 기억합니다. 기도하고 찬양할 때 눈물을 흘리던 기억, 말씀을 나눌 때 마음이 뜨거워지던 기억을. 그리고 확신이 생기고 그렇게 믿음이 자라고 단단해져 갔던 우리의 가정 예배를 기억합니다.

이 모든 것에 대해 하나님께 찬양과 감사를 드립니다. 하나님께서 이 작은 책을 기뻐하여 사용해 주시기를 바랍니다. 오직 하나님께서만 영광 받으시기 원합니다.

Family Worship

부록

가정 예배 사례

저는 김동환 집사님과 일 년 정도 같은 신앙공동체에서 교제했습니다. 그때 큰 기쁨을 누릴 수 있었습니다. 집사님은 하나님과 성경을 사랑하시는 분이고, 신앙고백에 따른 신앙과 믿음의 삶에 대해 제게 많은 것을 가르쳐 주셨습니다. 신재원 집사님은 바른 신앙을 추구하는 신앙의 태도로 제게 많은 격려와 자극을 주셨습니다. 두 분과 교제할 수 있다는 것이 제게는 복입니다. 여기에 실린 김동환 집사님과 신재원 집사님의 가정 예배 이야기는 일주일에 한 두 번 이상, 그렇게 수년 동안 꾸준히 진행되었다는 점에서 우리에게 격려와 도전이 됩니다. 우리는 이렇게 본이 되는 사례를 통해서도 가정 예배가 얼마나 중요하고, 우리에게 얼마나 큰 유익을 주는지, 무엇보다 우리가 가정 예배를 통해 하나님을 얼마나 사랑하고 기뻐할 수 있는지를 보게 됩니다.

김동환 집사님 가정

1. 언제부터 가정 예배를 드리기 시작하셨나요?

저는 어렸을 때 개혁교회에서 신앙생활을 하지 않고 부모님께서 신앙을 시작하셨던 교회에서 신앙생활을 하면서 자랐습니다. 그러다 보니 주로 방언과 같은 은사에 관심이 많고 지극히 인간적인 신앙생활을 했으며 가정 예배라는 것은 드려본 적도 없고 그런 것이 있는지조차 모르고 살았습니다. 그러던 중 20대가 되어서 신비적인 은사같은 것에 관심이 줄어들게 되고 인간적인 목회자들에게 실망하게 되어 말씀을 좀 더 가까이 해야겠다는 생각이 들던 차에 근본주의의 신앙을 가진 한 단체를 알게 되었습니다. 우선 성령을 강조하는 것에 지쳐 있었고 불합리한 모습을 많이 보았고 겪었기 때문에 은사주의의 반대편에 있는 근본주의에 쉽게 다가갈 수 있었습니다. 하지만 그곳에서 신앙생활을 하다 보니 점점 더 말씀에 대해 날카로운 잣대를 갖게 되었고 남을 판단하며 특히 칼빈주의자들을 정죄하게 되었습니다.

30대가 되어서 이들과 교제가 자연스럽게 끊어지고 난 후 저는 개혁신앙이 궁금하게 되었습니다. 이전에 신랄하게 비판하던 『기독교 강요』를 읽으면서 처음에는 비판적 읽기를 시도하다가 전에 가졌던 신앙이 잘못된 것이라는 것을 깊이 깨달았으며 조나단 에드워즈Jonathan Edwards의 『신앙감정론』Religious Affections(부흥과 개혁사 역간)을 읽으며 진실된 회개란 것이 무엇이고 열매가 무엇인가를 깊이 깨닫고 개혁신앙을 믿는 교회로 옮기게 되었습니다. 처음에는 하나님의 은혜에 감격하여 예배를 드리고 정말 꿈을 꾸는 기분이었습니다. 등록하고 교육을 마치자마자 바로 섬김에 동참하여 어떻게든 교회의 일꾼이 되어 하나님께 영광 돌리며 살고 싶어했습니다.

하지만 올바른 가정을 이루어야 한다는 것을 깨닫지 못하고 교회에서 열심히 섬기는 것이야말로 진정한 신앙이라고 생각했기에 (아마 어렸을 때 다니던 교회의 신앙의 영향을 받은 것으로 보입니다.) 가정의 신앙은 등한시한 채 교회에서 맡겨진 임무에만 신경을 쓰며 저 개인의 신앙만 생각하며 살아오게 되었습니다. 그러던 중 어느 날 아내가 제게 한풀이하듯 이야기를 했습니다. "교회에서만 섬기지 말고 가정이나 좀 섬겨요!" 제게는 이 말이 충격적으로 다가왔습니다. 아내는 셋째 아이를 출산하여 신앙이 많이 떨어진 상태였으며 가정의 믿음은 돌보지 않은 채 교회에만 가서 헌신하는 남편을 보며 답답한 심정을 이야기한 것이었지만 '정말 가정이 바로 서지 않으면 내가 교회에 가서 헌신도 할 수 없겠구나!' 하는 생각이 들었습니다. '가정이 바로 서야 교회에 가서 섬기는 것에 같이 동참하게 되며 온전히 섬기는 것이 가능하구나!' 하는 생각을 처음 해 보았습니다. 그 뒤 저는 개혁주의 신앙을 가지고 있는 믿음의 선배의 글을 읽으며 가정에서 어떻게 신앙을 교육시켰는지를 공부하기 시작했습니다. 대부분의 개혁신앙을 가진 선진들은 주일날 배운 설교를 복습하며 (주로 식사 시간에) 가정에서 매일 가정 예배를 드린다는 것과 교재는 주로 교리문답을 사용하고 있었음을 알게 되었습니다. 저는 이를 깨달은 즉시 가정 예배를 드리기 시작했고 『웨스트민스터 소교리문답』으로 아이들을 가르치기 시작했습니다.

2. 가정 예배로 가정에서 일어난 변화를 말씀해 주시겠어요?
가정 예배를 드림으로 큰 변화는 아니지만 세세한 변화들이 나타나기 시작했습니다. 먼저 가장으로서 제 경우 여태 공부하고 배워왔던 개혁신앙을 가르치면서 저 자신도 정리가 되었으며 하나님의 놀라운 진리를 아내와 아이들과 나누면서 공동체 의식을 더 갖게 되었습니다. 이전에는 가족 중심의 신앙이 아닌 나 중심의 신앙을 했었는데 이제는 가족의 신앙을 돌아보고 성경을 가르치면서 공동체가 무엇인지 깨닫게 되었습니다. 이런 가족 공동체가 확장이 되어 교회 공동체를 이루어 가는 것이기에 가족의 공동체 의식은 더욱더 중요하다는 생각이 듭니다. 이기적인 신앙에서 공동체적인 신앙으로 넘어가는 것이 가정에서 출발해야 한다는 개혁신앙의 가르침을 이제야 깨달은 것이지요. 아내의 경우 『웨스트민스터 소교리문답』으로 가정 예배를 드리면서 전에 듬성듬성 알고 있던 개혁주의 교리들이 정리가 된다면서 좋아했습니다. 오히려 이렇게 좋은 교리교육 방법을 왜 교회에서는 적극적으로 사용하지 않는 거냐고 반문했습니다. 점점 하나님을 알아 가면서 개혁신앙이 무엇인가를 깨달으며 제 신앙을 이해해 주고 있습니다. 이처럼 저는 가정 예배를 통해 같은 신앙을 갖고 있다는 것이 얼마나 소중한가를 깨달았습니다. '이젠 앞으로 내가 신앙 안에서 무슨 일을 해도 이해할 수 있겠구나!' 하는 확신이 들었기 때문입니다. 아이들의 변화도 역시 나타나고 있습니다. 큰아이(14세)가 한창 반항기일 때 가정 예배를 시작했습니다. 전에는 말 잘 듣던 아이가 걸핏하면 엄마 속을 태우고 말을 듣지 않는 아이가 되어 가고 있었습니다. 하지만 『웨스트민스터 소교리문답』과 『하이델베르크 교리문답』을 공부하면서 자신을 돌아보게 되었고 하나님에 대해 알아 가며 자신의 신앙에 대해 깨달으면서 다시 예전의 모습으로 돌아오게 되었습니다. 지금은 주일에는 항상 아침에 일어나면 교리문답 공부를 혼자 하고 교회에 갑니다. 그리고 예배 후에는 항상 배운 설교를 정리하여 글로 남깁니다. 이런 습관들이 하루아침에 생긴 것이 아니고 꾸준히 가정 예배 때마다 강조하고 배우면서 자연스럽게 생겨나게 되었습니다. 저희 가정이 모범적인 답안의 가정 예배를 드리고 있다고는 절대 생각하지 않습니다. 항상 부족합니다. 하지만 이런 변화를 볼 때 부족하지만 가정 예배를 꾸준히 드리는 것이 얼마나 효율적이며 하나님의 가르침에 합당한 것인가를 깨닫게 됩니다. 둘째 아이(12세)의 경우에는 기도하는 자세가 많이 좋아졌습니다. 처음에는 기도 한 마디 하는 것이 힘들었지만 이제는 무릎을

끓고 여러 마디를 합니다. 물론 큰 변화라고 볼 순 없지만 그 또래의 아이들이 세상의 악한 영향을 많이 받고 자라는 것을 볼 때 저는 이런 작은 변화도 의미가 있다고 봅니다. 막내 아이(6세)는 사실 4세 이전에는 예배에 참석하게 하지 않았습니다. 자꾸 형들을 방해하고 해서 도저히 안 되겠다는 생각에 아이가 잠을 잘 때 예배를 드렸습니다. 하지만 개혁신앙에 대한 이해가 깊어지면서 이 아이도 방해를 할지언정 예배에 참석하게 해야 한다는 생각에 참석을 하게 해 보았습니다. 하지만 의외로 찬양도 잘 따라 부르고 방해도 하지 않는 것이었습니다. 기도도 시켜 보았더니 제가 생각했던 것보다는 잘했습니다. '믿음의 선진들이 어린아이들도 참석하게 한 이유가 있구나.' 하는 생각이 들자 부끄러웠습니다. 저희 가정은 이제 가정 예배를 정착하는 단계입니다. 커다란 변화는 없지만 가족들의 세세한 변화를 감지할 수 있었기에 앞으로 가정 예배를 통해 하나님께서 어떻게 역사하실까 하는 기대도 큽니다.

3. 지금은 어떻게 예배를 드리고 계신가요?
저희 가정은 개인 사정상 주말에만 예배를 드립니다. 일주일에 한 번 드리기 때문에 아쉬운 점은 있지만 가정 인터넷 카페를 만들어서 성경 공부한 것 등을 올리게 해서 같이 공유하는 방법을 쓰고 있습니다. 저희 가정이 예배를 드리는 순서는 간단합니다. 먼저 찬양을 합니다. 찬양곡은 주로 찬송가를 부릅니다. 아이들이 따라 부르기 쉬운 곡 위주로 선택을 해서 부릅니다. 제가 참석하고 있는 교회에서는 시편 찬송을 배우기 때문에 시편 찬송도 배운 것 위주로 부릅니다. 시편 찬송의 위력은 아이들이 무심결에 부르는 소리를 들을 때 느낄 수 있었습니다. 입에 달고 다니는 음악이 시편을 노래한 곡이라면 얼마나 아름다운 소리일까요. 다음에는 『웨스트민스터 소교리문답』, 『하이델베르크 교리문답』을 가지고 서로 읽습니다. 읽고 난 뒤 제가 간단히 정리해 주거나 기타 설명이 필요한 곳이 있으면 부가적으로 설명해 줍니다. 저희 가정은 큰아이와 막내 아이가 나이 차가 많이 나서 어느 수준에 맞추기가 쉽지 않습니다. 그렇기에 일단 설명한 뒤 둘째와 셋째 아이에게는 따로 간단히 설명합니다. 그리고 바로 다시 질문을 던져 본인의 입으로 암송하게 합니다. 다음 과정은 기도를 돌아가면서 합니다. 기도가 끝나고 나면 한 명씩 끌어안고 기도를 해 줍니다. 마무리 기도가 끝나면 주기도문으로 가정 예배를 마칩니다.

4. 가정 예배를 왜 드려야 한다고 생각하시나요?

기독교인에게는 가정 예배가 꼭 필요하다고 생각합니다. 물론 하나님께서 가정에서 아이들을 가르치기를 명하셨기에 이보다 더 큰 이유는 없다고 생각합니다. 성경적 증거는 앞서 기술하셨기 때문에 저는 제가 느낀 점만 말하려고 합니다. 첫째, 교회를 이해하기 위해서는 가정에서 먼저 경험하는 것이 필요합니다. 위에서도 설명

드렸듯이 교회의 공동체적 이해의 바탕에는 가정에서 겪는 경험이 깔려 있다고 봅니다. 가정에서 먼저 공동체를 경험하지 못한다면 가정이 확장된 교회에서 공동체를 온전히 느끼지 못할 것이며 가정에서도 그랬듯이 계속 이기적인 신앙만 지속될 것이라는 생각이 듭니다. 단순히 섬김을 하느냐 하지 않느냐의 문제가 아닌 가정 예배를 통해서만 경험할 수 있는 공동체 경험을 이야기하고 있는 것입니다. 아내나 아이의 신앙을 위해 기도하지 않는 자가 과연 교회에서 자신이 섬기고 있는 지체를 위해 기도할 수 있을까 하는 생각이 듭니다. 둘째, 개혁신앙을 가진 자는 기꺼이 하나님의 사역에 동참하려고 합니다. 이때 아내와 아이들이 같은 신앙을 갖고 있다면 가족 공동체의 동역자가 되겠지만 그렇지 못하다면 오히려 사역을 방해하려고 할 것입니다. 가족이 같은 목표를 향해 나아간다고 생각해 보십시오. 얼마나 아름다운 일입니까? 셋째, 아이들이 자라면서 세상의 영향에 대해 대처해 나갈 수 있습니다. 물론 교회에서도 이런 방법을 배울 수 있겠지만 주일 학교는 매년 선생님이 바뀌기 때문에 일대일 교육이 되질 않습니다. 하지만 집에서는 가장이 직접 일대일로 하나님의 원리를 설명할 수 있기 때문에 효과적으로 아이들에게 올바른 진리를 설명할 수 있습니다. 예를 들어 큰아이의 경우 학교에서는 진화론을 배웠지만 창조론을 적극 옹호하며 진화의 허구를 조목조목 반박할 수 있습니다. 이렇듯 아이가 커 갈수록 세상의 영향을 세게 받을 것이지만 잘 정리된 교리문답 등을 통해 이겨 낼 수 있다고 생각합니다. 넷째, 무엇보다도 아내와 아이들과 친밀감이 증가한다는 것입니다. 같은 신앙을 가진 사람을 만나면 나와 다른 환경에 살았던 사람일지라도 금방 친밀해지고 마음에 기쁨이 생기는 것을 경험합니다. 하물며 내 아내와 아이들과는 어떻겠습니까? 식사할 때도 공통된 진리를 나누고 운동할 때도 진리를 말하는 관계. 평생 끊으려야 끊을 수 없는 가족의 끈을 가진 자로서 얼마나 친근함이 더 하겠습니까? 아내와 아이들을 가르치다 보면 아내도 마찬가지며 아이들도 아버지를 존경하고 영적 스승으로서 인정하는 것을 보게 됩니다. 이것이야말로 성경에서 말하는 질서가 아니겠습니까? 존경하면서 친밀한 관계, 바로 경외함을 아이들이 배울 수 있는 것이며 이런 경외함은 우리가 하나님께 가져야 할 바로 그것입니다. 글자로 배우는 문자적 지식이 아닌 참된 지식을 배울 수 있습니다.

5. 마지막으로 하시고 싶은 말씀을 해 주세요.

가정 예배가 처음 시작부터 계속 잘 되어 왔던 것은 아닙니다. 여러 시행착오도 경험했고 심지어 중도에 중단했던 때도 있었습니다. 중단된 이유는 물론 제 게으름에 기인한다고 생각합니다. 그렇기에 저는 항시 부족한 자로서 하나님의 은혜를 입은 사람이라고 생각합니다. 아마 이 책을 통해 가정 예배를 시작해야겠다고 생각하시는 분들이 있을 것입니다. 저와 같은 사람도 하나님께서 이끌어 주셔서 가정 예배의 필요성을 깨닫게 하셨다면 아마 이 글을 읽는 아직 가정 예배를 시작하지 않으신 분들도 분명 올바로 이끌어 가실 것을 믿습니다. 중도에 어려움을 겪을 수도 있지만 자신의 변화뿐 아니라 가족의 변화까지 하나님께서 인도해 주실 것을 기대하며 가정 예배에 헌신하시기를 바랍니다.

신재원 집사님 가정

1. 언제부터 가정 예배를 드리기 시작하셨나요?

저는 20대 중반에서야 불신과 그릇된 신앙의 방황을 끝내고 다시금 하나님께로 돌아왔습니다. 돌이켜 보면 하나님의 주권적 은혜가 저를 부르셨음을 고백하지 않을 수 없습니다. 과거의 실수를 반복하지 않기 위해 유일한 하나님의 말씀인 성경만 붙들겠다고 다짐했고, 그때부터 성경을 진지하게 공부하려 했습니다.

그러나 성경의 뜻을 이해하고 싶어도 제 짧은 지식과 경험으로는 도무지 이해할 수가 없었습니다. 그러자 성경만을 내 삶의 모든 기준으로 삼겠다는 다짐도 흔들리기 시작했습니다. 이런 어려움 가운데 하나님께서는 개혁신앙이라는, 공교회적이고 역사적인 주류 신앙이 있음을 알려 주셨습니다. 이미 무수히 많은 경건의 선배들이 한결같이 걸어간 길이 있으며, 그분들의 가르침은 시종일관 하나님을 높이고 있었음을 깨달았습니다. 그분들의 안경(성경해석)을 통해서 성경을 볼 때 비로소 성경이 말하는 바를 조금씩 깨달아 갈 수가 있었습니다. 저는 그 신학이 말하는 바, 그 신학이 가리키는 바에 완전히 매료되었습니다.

그 무렵 결혼을 했는데, 당시 막 개혁신앙을 알아 가던 때라 혼인과 가정을 통해 이루시려는 하나님의 뜻을 충분히 알지 못한 상태였습니다. 더구나 결혼 후 첫아이 출산까지 저희는 주말부부로

지냈기 때문에 가정 예배는 생각도 할 수 없었습니다. 그러나 한편 그 시절이 제게는 개혁신앙에 대한 어느 정도의 기반을 다질 수 있는 귀한 시간이었던 것 같습니다. 이 모든 과정 중에 하나님께서 철저히 섭리하셨음을 고백합니다. 그 후로 둘째를 낳고, 세월이 지나 가정 예배를 드리기 좋은 환경이 되었음에도 여전히 막연한 마음만 먹을 뿐 실행에 옮기지는 못했습니다. 그러나 좋은 책을 읽으며, 언약신학에 근거하여 하나님께서 허락하신 혼인과, 그런 혼인으로 맺어진 가정의 소중함을 계속해서 깨달아 가면서부터, 가정 예배에 대한 막연한 동경이 이제는 간절한 소망으로 바뀌어 가고 있었습니다.

여러 책을 통해 도움을 받았지만, 특히 기억에 깊이 남는 글을 소개합니다. 조엘 비키 목사님이 쓰신 『가정 예배』라는 책에서 소개된 스코틀랜드 교회 에든버러 총회에서 채택한 가정 예배 지침서의 일부입니다. "가정 예배라고 하는 성도의 의무와 가정 예배의 본질을 예사로 가볍게 여기고 무시하는 사람들이 있는데……만일 그러한 가정이 발견된다면 그 가정의 가장은 먼저 그 잘못을 고치도록 사적 권면과 경고를 받아야 할 것이요, 그 이후에도 계속해서 그런 잘못 가운데 계속 머물러 있다면 당회에 의하여 엄하고 중하게 책망을 받아야 할 것이다. 이런 책망을 받은 후에도 여전히 가정 예배를 소홀히 여기는 것이 발견된다면 그리고 그러한 위반을 범하고도 자신의 강퍅함 때문에 뉘우치지 않는다면 그는 성찬을 받기에 합당하지 못한 자로 간주되어 뉘우칠 때까지 성찬에 참여하지 못하게끔 수찬 정지를 받아야 할 것이다."

스스로는 16-17세기 개혁주의 신학에 정체성을 두고자 하였지만, 정작 당시 제 모습은 수찬 정지를 받아 마땅할 그러한 가장이었던 것입니다. 충격적이었습니다. 내가 믿고 있는 바와 행하는 바 사이의 넓은 간격에, 정신이 번쩍 들었습니다. 더구나 가정 예배를 드리는 데 걸림돌이라 생각했던 이유들은 오히려 우리가 가정 예배를 드려야만 할 바로 그 이유였던 것입니다. 물론 어떤 다른 이유보다도, 하나님은 그 자체로 우리 가정을 통해 예배 받기에 합당한 분이셨습니다.

이런 생각에 드디어 가정 예배를 시작했습니다. 그럼에도 제 게으름과 영적 안이함으로 처음에는 실패의 연속이었습니다. 작심삼일이란 말이 딱 어울립니다. 2-3년 동안은 실패의 연속이었습니다. 그럼에도 감사한 것은 그런 실패 가운데서도 가정 예배를 드리는 빈도는 점점 증가했고 요즘엔 거의 매일 가정 예배를 드리게 되었습니다. 이 모든 과정 가운데 항상 제게 힘을 주며 돕는 배필로서 역할을 잘 감당해 준 "내 **뼈** 중의 **뼈**"인 사랑하는 아내에게도 참 감사합니다. 물론 제 연약함으로 말미암아 언제 또 중단할지 모르지만 실망하지 않고 다시금 돌이킬 때 은혜를 주실 하나님을 믿습니다.

2. 가정 예배로 가정에서 일어난 변화를 말씀해 주시겠어요?
어떤 변화를 기대하고 시작한 것은 아닙니다. 그럼에도 사랑과 은혜가 풍성하신 하나님께서는 우리 가정 각 사람에게 은혜를 주셨습니다.

일단 제게 일어난 변화입니다. 첫째, 정기적이고 규칙적인 가정 예배는 개인 경건에 도움이 되었습니다. 가정 예배를 위한 하나의 팁이기도 하겠습니다만, 개인 성경 공부와 가정 예배를 따로 진행하기보다 그 둘을 하나로 묶어, 가정 예배에서 나눌 내용을 가장이 아침에 먼저 묵상하는 것을 제안합니다. 가정 예배를 인도하기 위해서라도 아침 개인 경건의 시간은 선택이 아닌 필수가 되었습니다. 아침에 못하면 점심 시간에라도 말씀을 묵상했습니다. 제가 준비를 잘하지 않으면 그 피해는 당장 그날 가정 예배에서 가족들이 받기 때문입니다. 둘째, 저 자신의 교리적 체계와 성경에 대한 이해의 깊이가 더욱 탄탄해졌습니다. 이를 통해 "피차 안위함을 얻는다"는 사도 바울의 말씀이 무슨 의미인가를 가슴으로 이해할 수 있었습니다. 어떻게 하면 핵심을 체계적이면서도 쉽게 전달할까 고민하는 과정에서 제 생각도 정리되어 갔습니다. 또한 아내의 날카로운 질문을 통해 그리고 엉뚱하지만 기발한 아이들의 얘기를 통해 제가 간과한 부분을 반추하는 기회도 얻을 수 있었습니다.

다음은 아내에게 일어난 변화입니다. 아내는 교회를 다니면서도 설교 말씀을 듣는 게 전부였습니다. 복음을 믿지만 내용은 빈

약했습니다. 한 번도 체계적인 가르침을 받지 못했기 때문입니다. 처음 가정 예배를 시작하고는 그리 적극성 없이 하나의 형식으로 참여하는 모습이 눈에 보였습니다. 뭐랄까, 숙제를 하는 느낌이랄까요? 그런데 이런 아내도 로마서 공부를 시작하면서 변화되었습니다. 한 구절 한 구절, 로마서의 의미를 알아 가면서 말씀 가운데 살아 역사하시는 하나님을 경험한 것입니다. 온 인류를 죄인으로 고발하며 선고하는 말씀 앞에 같이 괴로워했고, "그러나 이제는" 나타난 그 복음의 소식에 같이 기뻐했습니다. 성경과 교리에 대한 지식이 쌓이다 보니 설교도 더욱 와 닿고, 삶 가운데 복음의 역동성을 조금씩 경험하기 시작했다고 고백합니다.

그 밖에도 저희 부부가 함께 얻은 유익이 있습니다. 맞벌이 직장 생활을 하다 보면 몸과 마음이 힘겨운 날도 많고 부부 사이에 여러 가지 의견 충돌도 있기 마련인데, 가정 예배를 통해 하루 동안 어려운 마음을 모두 털어 버리고 새로이 다음날을 맞이할 수 있도록 회복할 수 있었습니다.

아직 두 딸(만 6, 4세)은 어리기 때문에 당장 직접적인 열매를 확인할 방법은 없습니다. 그러나 온 가족이 한 상에 둘러앉아 함께 찬송하고 기도하고 또한 성경책을 펴 놓고 진지하게 말씀을 보는 엄마, 아빠의 모습은 분명 아이들의 기억에 선명히 남을 것이라 생각합니다. 지금으로서는 매사에 하나님을 염두에 두고 하나님을 찾는 자세 정도를 조그마한 열매로 볼 수 있겠습니다. 물론 이런 모습이 성령의 온전한 열매인지는 아직 두고 볼 일입니다. 그럼에도 두 딸을 언약의 약속 가운데 태어나게 하시고, 그 언약의 약속의 풍성한 복을 어려서부터 누리게 하신 분은 하나님이심을 고백하며, 그 착한 일을 시작하신 하나님께서 언젠간 자녀를 온전한 회심으로 이끄셔서 열매 맺게 하실 것입니다. 아이들을 맡은 부모된 자로서 어깨가 무겁습니다.

3. 지금은 어떻게 예배를 드리고 계신가요?

토요일과 주일을 제외하고 매일 가정 예배를 드린다는 원칙을 정해 놓고 있습니다.

먼저 찬송을 부릅니다. 가능하면 온 가족이 부를 수 있는 쉬운 곡을 골라서 하는데, 아이들이 잘 모르는 찬송가라도 두세 번만 하면 곧잘 따라 부르기에, 너무 쉬운 찬송에만 얽매일 필요는 없습니다. 이어서 가족 중 한 명이 기도합니다. 기도는 딱히 순서가 정해진 것은 아닙니다.

기도 후 말씀을 봅니다. 여기에 시행착오가 많았습니다. "도대체 누구의 눈높이에 맞추어야 할 것인가?" 지난 몇 년 간 이것저것 여러 방법을 시도했습니다. 수많은 시행착오 후 정착한 방법은, 아이들에게는 어린이 성경을 읽어 주고, 우리 부부는 따로 성경 공부를 하는 것입니다. 물론 아이들은 우리 부부의 성경 공부가 끝날 때까지 기다립니다.

먼저 아이들에게 엄마가 성경을 읽어 주고(5-10분) 필요한 경우 제가 추가로 내용을 설명합니다. 참고로 그림이 있는 대부분의 어린이 성경은 예수님 얼굴이 그려져 있기 때문에(저는 예수님을 그림으로 표현하는 것은 십계명 중 제2계명을 어기는 것이라 생각합니다.) 그리고 어린이 성경에는 대체로 신학이 가미되기 때문에, 성경책을 고르는 일부터가 쉽지 않습니다.

그 뒤에 저희 부부가 성경 공부를 합니다. 우선 교리적 체계를 잡는 것이 중요하다고 생각해서 함께 소교리문답을 공부한 적도 있는데, 짧은 가정 예배 시간에 관련 성경 구절을 찾아 가며 전체적인 흐름을 파악하기에는 다소 어려움이 있었습니다. 그러던 중 『특강 소요리문답』(흑곰북스)이라는 훌륭한 자습서가 나와서 도움이 되었습니다. 이 책으로 소교리문답은 아내가 스스로 공부하기로 하고, 혼자서 공부하기에는 어려움이 있는 성경 본문 공부에 집중할 수 있었습니다. 지금까지 특정 성경을 정해서 강해식으로 꾸준히 공부해 가고 있습니다. 그리고 특별한 날에는 그에 맞는 성경 구절을 골라 같이 나눕니다. 예를 들어 2013년을 시작하는 날에는 시편 23장을 나누었습니다. 나눈 내용을 요약하면 다음과 같습니다. "2013년, 우리 가정에 분명 고난이 있는 어려운 날도 있을 것이고 또한 즐거운 날도 있을 것입니다. 항상 그러해 왔습니다. 그러나 중요한 것은 우리의 환경과 여건이 아닙니다. 우리가 하나님과 함께 있다면 사망의 음침한 골짜기에서도 우리는 안전하며 평안

할 것이요, 우리가 하나님과 함께 있지 않다면 푸른 풀밭과 쉴 만한 물가조차도 우리에게 위험한 곳입니다. 그러나 감사한 것은 임마누엘 하나님께서는 언제나 우리와 함께 하신다는 사실입니다. 그러므로 우리는 환경과 여건에 상관없이 안전하며 평안합니다. 이런 위로와 확신 가운데 2013년에도 하나님 앞에서 각자가 처한 자리에서 최선을 다하는 우리 가족 모두가 되기를 바랍니다."

이렇게 보통 10-15분 정도 말씀을 나누는데, 그때 아이들은 무슨 말인지 모르기에 좀 힘들어하기도 하지만, 때론 진지하게 듣는 척도 하고, 자기 성경책을 펴 놓고 밑줄을 치기도 합니다. 어떤 때는 질문에 질문이 이어지면서 부부가 말씀 나누는 시간이 길어지기도 하는데, 기다리다 지친 아이들은 그냥 엄마와 아빠 옆에서 곤히 잠들기도 합니다. 그렇게 부부가 말씀을 나누고 나면 오늘 나눈 말씀을 중심으로 가장인 아빠가 마무리 기도를 하고 가족 모두 주기도문을 암송하면서 예배를 마칩니다.

4. 가정 예배를 왜 드려야 한다고 생각하시나요?

앞에서도 언급했지만, 저희는 가정 예배를 통해 정말 많은 유익을 누렸습니다. 저희가 누리는 유익들은 하나님께서 허락하신 것으로, 참으로 복되고 귀한 것입니다. 그러나 그런 유익은 가정 예배를 드려야 하는 부차적 이유밖에 되지 못합니다. 왜냐하면 어떤 유익을 떠나서 그보다 분명하고 중요한 두 가지 이유가 있기 때문입니다.

첫째, 우리 가정의 존재 목적이 하나님을 예배함에 있기 때문입니다. 물론 꼭 가정 예배를 통해서만이 아니라 삶을 통해 하나님께 예배함이 옳습니다. 그러나 하나님께서 성도를 부르실 때 개인으로서가 아니라 그리스도의 지체로서 즉 공동체로서 부르셨고, 이때 가장 기본이 되는 공동체가 바로 가정이라는 사실이 중요합니다. 예수님께서는 삭개오가 믿을 때 그의 집이 구원받았다고 말씀하셨으며(눅 19:9 참고), 사도행전의 기록에서 집안의 가장뿐 아니라 온 가정이 구원받았음을 증거합니다(행 11:14 참고). 또한 바울 사도 역시 "주 예수를 믿으라 그리하면 너와 네 집이 구원을 얻으리라."(행 16:31)고 선포합니다. 이렇듯 가정 자체가 하나님의 언약에 참여하는 하나의 제도요 유기체임을 성경은 증언합니다. 이런 의미에서 퍼킨스W. Perkins나 카트라이트W. Cartwright와 같은 청교도들이 가정을 일컬어 "작은 교회" 혹은 "교회의 모판"이라고 했는지도 모릅니다. 사람의 제일 되는 목적이 하나님을 영화롭게 하는 것과 영원토록 그를 즐거워하는 것이라면 우리 가정의 제일 되는 목적 또한 하나님을 영화롭게 하고 그를 즐거워하는 것입니다. 이를 위한 가장 중요한 방편이 바로 가정 예배라고 생각합니다. 저희 가정은 가정 예배를 통해 하나님을 영화롭게 하기를 원합니다. 또한 가정 예배를 통해 하나님을 즐거워하기를 원합니다.

둘째, 하나님의 명령이기 때문입니다. 『하이델베르크 교리문답』 104문에 보면

> 문: 제5계명에서 하나님께서 원하시는 것은 무엇입니까?
> 답: 나의 부모님, 그리고 내 위에 있는 모든 권위에 모든 공경과 사랑과 신실함을 나타내고, 그들의 모든 좋은 가르침과 징계에 대해 합당한 순종을 하며, 또한 그들의 약점과 부족에 대해서는 인내해야 합니다. 왜냐하면 그들의 손을 통해 우리를 다스리시는 것이 하나님의 뜻이기 때문입니다.

"네 부모를 공경하라."는 십계명의 다섯 번째 계명에서, 부모의 권위는 하나님에게서 나오는 것이라 가르칩니다. 부모가 언약의 말씀을 자녀에게 전하는 대언자라는 말입니다. 그러므로 우리 부모에게는 "자녀에게 부지런히 가르치며 집에 앉았을 때에든지 길에 행할 때에든지 누웠을 때에든지 일어날 때에든지 이 말씀을 강론할"(신 6:7) 의무가 있습니다.

이렇듯 5계명은 자녀에게 순종할 것만을 요구할 뿐만이 아니라 하나님의 언약을 말씀으로 자녀에게 전수하도록 부모에게도 명령하고 있습니다. 부모는 "자녀를 노엽게 하지 말고 오직 주의 교양과 훈계로 양육"(엡 6:4)해야 하는 책임을 부여받았습니다. 그런 차원에서 본다면 가정 예배의 회복이야말로 이를 실천하기 위한

가장 요긴하고도 시급한 과제가 아닐까 생각합니다.

5. 마지막으로 하시고 싶은 말씀을 해 주세요.

이 책에서 강조한 바와 같이 하나님께서는 개인으로서만이 아니라 언약의 공동체의 일원으로서 온 가족이 모여 예배하기를 원하십니다. 소위 큐티Q.T.라고 하는 개인 성경 공부와 묵상은 강조하면서도, 정작 하나님께서 하나님 나라를 이뤄 가심에 가장 일반이고 중요한 방편으로 허락하신 가정 예배 즉 부모가 후손에게 신앙을 전수하는 일에 대해서는 강조하지 않는다면 그것은 잘못된 문화일 것입니다. 교회가 타락했고 가정이 무너졌다고들 합니다. 교회가 바로 서기 위해서는 먼저 가정이 영적으로 살아나야 합니다. 이를 위해 무엇보다도 각 가정이 가정 예배를 회복해야 합니다. 이 책을 읽는 모든 분들의 가정에 회복이 있기를 소망합니다.

가정 예배

신자의 요람, 믿음의 유산

펴 낸 날	2022년 2월 8일 초판 6쇄
지 은 이	한재술
펴 낸 이	한재술
펴 낸 곳	그 책의 사람들
편　　집	서금옥
디 자 인	안소영
홍　　보	송성주
판　　권	ⓒ 그 책의 사람들 2013, *Printed in Korea*. 저작권법에 의하여 한국 내에서 보호를 받는 저작물이므로 무단 전제와 복제를 금합니다.
주　　소	경기도 수원시 권선구 서둔동 361-1 성일아파트 107-213
전　　화	0505-273-1710
팩　　스	0505-299-1710
카　　페	cafe.naver.com/thepeopleofthebook
메　　일	tpotbook@naver.com
페이스북	www.facebook.com/tpotbook
등　　록	2011년 7월 18일 (제251-2011-44호)
인　　쇄	불꽃피앤피
책　　값	8,500원
I S B N	978-89-967375-7-5 03230